何以为母

单天佶 ◎ 编著

中华工商联合出版社

图书在版编目（CIP）数据

何以为母 / 单天佶编著． -- 北京 ：中华工商联合出版社，2024. 9. -- ISBN 978-7-5158-4080-2

Ⅰ．G78

中国国家版本馆 CIP 数据核字第 2024MZ5370 号

何以为母

作　　者：	单天佶
出 品 人：	刘　刚
责任编辑：	吴建新　关山美
装帧设计：	李舒园
责任审读：	郭敬梅
责任印制：	陈德松
出版发行：	中华工商联合出版社有限责任公司
印　　刷：	三河市宏盛印务有限公司
版　　次：	2024 年 10 月第 1 版
印　　次：	2024 年 10 月第 1 次印刷
开　　本：	690mm×960 mm　1/16
字　　数：	120 千字
印　　张：	10
书　　号：	ISBN 978-7-5158-4080-2
定　　价：	59.00 元

服务热线：010-58301130-0（前台）
销售热线：010-58302977（网店部）
　　　　　010-58302166（门店部）
　　　　　010-58302837（馆配部、新媒体部）
　　　　　010-58302813（团购部）
地址邮编：北京市西城区西环广场 A 座
　　　　　19-20 层，100044
　　　　　http://www.chgslcbs.cn
投稿热线：010-58302907（总编室）
投稿邮箱：1621239583@qq.com

工商联版图书
版权所有　盗版必究

凡本社图书出现印装质量问题，
请与印务部联系。
联系电话：010-58302915

前 言
PREFACE

>当父母容易,做父母难。
>
>——德国画家、诗人威廉·布施(Wilhelm Busch)

孩子是风筝,母亲就是那根长长的线,无论风筝飞得高或者低,母亲永远陪在他们身边;孩子是红莲,母亲是荷叶,无论刮风下雨,母亲永远挡在他们前面。母爱伟大而有力量,永远值得歌颂。

母亲是孩子来到这个世界最初的陪伴者,也是日常陪伴孩子最多的一个人,所以,母亲在孩子成长过程中的作用是无可替代的,对孩子的成长起着决定性的作用。那么,如何才能做一个合格的母亲呢?

母性是温柔的,母亲的拥抱、亲吻都能够给予孩子无微不至的关爱和呵护,让孩子能够在爱的氛围中健康成长,建立起足够的安全感,从而在以后的成长中能够更加自信、勇敢。母爱是慈祥的,相较于父亲的威严,孩子更乐于与母亲分享心情、交流感情,母亲要善于引导孩子的情绪,关注孩子的心理变化,给予孩子正向的情感回应与支持,让孩子拥有一个健康且强大的内心，更好地应对生活中的跌宕起伏。同时，母亲还要做一个学习型家长，不断丰富自己的知识，与孩子一同成长，做孩子成长道路上的同行者、陪伴者、守护者……

本书共分五章，每章都为母亲提出了可行性的意见，告诉母亲：只有培养孩子独立自主的能力，才能让孩子飞得更高更远；要用发展的眼光看孩子，要相信孩子的未来值得期待；对孩子，不放纵溺爱、不心灵施暴、不物质刺激、不动辄体罚、不精神忽视；与孩子保持科学而恰当的亲密关系，做孩子的朋友……

如果你还感到迷茫，不知道怎么与孩子相处，不知道怎么教育孩子，就来读读这本书吧！希望本书能够成为你开始改变的起点，希望你们的亲子关系能够更上一层楼！

目 录
CONTENTS

第1章 亲子关系决定一生 / 001

儿时不过分竞争，长大后才能赢得漂亮 / 002

想要孩子高飞，就不要剪断他的翅膀 / 006

世界很美好，但也要学会自我保护 / 010

温室里的花朵，经不起成长的风浪 / 015

允许孩子犯错，错了才知对 / 018

做好"后盾"，让孩子大胆去尝试 / 023

给予孩子建议，尊重孩子的决定 / 027

孩子也需要承担责任和使命 / 031

第2章 给孩子最好的礼物 / 035

孩子的未来，比眼前的利益更加重要 / 036

请用发展的眼光看待孩子 / 040

物以类聚，孩子却不能以"群分" / 044

赞扬孩子的努力，而非天赋 / 048

成为母亲不需要考试，但需要学习 / 052

孩子的问题，答案在母亲身上 / 055

第3章　五大"放养"误区，你中了几条？ / 059

放纵溺爱，阻碍孩子的健康发展 / 060

心灵施暴，扼杀独立人格的树立 / 064

物质刺激，变相拜金主义的诱导 / 068

动辄体罚，是最没用的教育方式 / 072

精神忽视，把孩子变成最熟悉的陌生人 / 076

第4章　利用最佳亲密关系期驱动宝宝成长 / 079

多给爱提问的宝宝"喂信息" / 080

矫正爱发脾气的宝宝 / 083

合理处理宝宝的打架问题 / 087

帮助宝宝克服对医院的恐惧 / 090

教宝宝识别和管理情绪 / 095

包容宝宝对"秩序感"的偏执 / 098

爱"动"手的宝宝更聪明 / 102

宝宝的语言训练方法 / 105

引导爱涂鸦的宝宝画画 / 110

让宝宝进行识字训练 / 114

第 5 章　保持科学而恰当的亲密关系 / 119

幼儿园全托可能伤害孩子的内心 / 120

爱嫉妒的孩子更渴望爱 / 124

让孩子顺利分房睡 / 128

"人来疯"的孩子渴望存在感 / 133

理性看待孩子的讨好行为 / 136

健康的自恋从哪里来 / 140

孩子的撒娇隐藏着爱的期待 / 144

第1章
亲子关系决定一生

　　什么样的孩子能够保持强烈的好奇心？什么样的孩子心思活泛、头脑灵活？什么样的孩子拥有很强的适应能力？答案是母亲敢于放手的孩子！如果孩子总是生活在母亲的羽翼之下，如果孩子的决定都是母亲替着做，如果孩子从来没有自主选择的机会，那孩子的适应能力从何而来呢？又何谈真正的成长？有远见的母亲，会早早培养起孩子独立自主的能力，让孩子从小便拥有适应社会的本事，只有这样，孩子才能飞向更高更远的地方。

儿时不过分竞争，长大后才能赢得漂亮

竞争的力量会让一个人发挥出巨大的潜能，创造出惊人的成绩。所以，很多母亲认为竞争意识要从小培养。因此他们喜欢给孩子灌输一些"弱肉强食"的道理，喜欢告诉孩子一些"如果你不努力，就要被别人超越"的话语。

这样的母亲攀比心也比较重，喜欢计较一些可量化的外部得失，如：会背的唐诗比别人多几首？是否上了重点校？成绩排名如何？获得了多少种证书？不仅引导孩子和他人比，更推动孩子和自己较劲，一旦"鸡娃"不成，就各种焦虑，丝毫不关注孩子内心的真实想法。

欢欢的妈妈和小桃的妈妈是好闺蜜，因此两个女孩子也经常在一起玩耍。欢欢妈妈起初崇尚快乐教育，所以欢欢是一个开朗活泼又多才多艺的孩子。而小桃妈妈则比较看重成绩，因此小桃学习成绩特别好，却不够开朗大方，是一个性格有些内

向的孩子。

原本两个小女孩无话不说,十分要好。可随着学业难度的增加,欢欢的成绩渐渐落在了后面。当欢欢拿着全班倒数的成绩单回家后,欢欢的爸爸妈妈有些着急了,他们俩都是名牌大学毕业生,有些无法接受自己的女儿比别人差很多的事实。

为了让欢欢的成绩跟上来,妈妈便给欢欢请了家庭教师,同时为了激励欢欢,还让小桃陪着欢欢一起学。老师比较偏爱学习好的小桃,所以在上课时,总是夸奖小桃,批评欢欢。这让欢欢心里很不舒服,而让欢欢心里更加不舒服的是,妈妈总是让她向小桃看齐。而小桃虽然学习成绩好,但是她的妈妈总是让她向欢欢学习,希望她能够像欢欢一样开朗大方。

老师和妈妈的做法,让欢欢对小桃的友情渐渐转化成嫉妒,于是开始在学校里公然排挤小桃,这让本就性格内向的小桃在学校里的生活异常艰难,因此也对欢欢心生怨恨,不愿再跟欢欢做朋友。

不管是欢欢的妈妈，还是小桃的妈妈，她们都在用自己的言语和行为告诉孩子，你必须超越别人，否则你就不够优秀。最后，欢欢从之前那个开朗活泼的小女孩，变成一个嫉妒心强、爱发脾气的人；小桃在重重的心理压力下，越发沉默寡言，学习成绩也呈现出了下滑的趋势。

社会是需要竞争不假，但那是成年人之间的生存法则，母亲将"竞争意识"早早灌输给孩子，这看似长远的想法，实际上却是短见。一来母亲过分高估了"竞争"的正面意义，二来母亲忽略了孩子童年的主要任务应该是什么。

孩子的童年是一个非常独特的年龄段，有自己独特的任务。他们的任务不是向外延展，而是向内积累。刚刚出生的小婴儿，懵懂无知，四肢无力，柔软得像一片云朵，他们要成长为一个强壮的大人，需要经历漫长的时光。这是大自然的精心安排，它要为每一种有巨大潜能的生命，留出足够的积蓄能量的时间。就像麦苗从小绿芽过渡到麦穗茁壮需要时间和阳光雨露一样，孩子的成长也需要较为漫长的岁月以及严格的、不可逾越的顺序。而这个过程，就是孩子向内积累的过程。

孩子若是在这个时期内，能够关注自我的成长，让自己的内在力量变得强大，那么他们才有可能很好地把控自己，未来才有可能处理好自己和世界的关系，在人生中获得主动权。但如果孩子的注意力被转移到各种"比"的事情上，自我成长力量就开始分散，而竞争带来的焦虑感又会更多地消耗孩子的精力，让孩子内心变得越来越脆弱。

因此，面对一个弱小而又有无限潜力的孩子，与其着力培养其"竞争意识"，不如专心培养他的良好品格。因为每一种好品格都可以催化出面对世界、面对困难的能力和勇气，好品格本身就是竞争力。

就像老子说的"夫唯不争，故莫能与之争"，放下竞争意识，才能拿起竞争能力。只有童年不活在各种"比拼"中，心中才能生出大格局。从小就不竞争，才有能量在长大后赢得漂亮。

想要孩子高飞，就不要剪断他的翅膀

美国的《公民权法》有这样两项规定：幼儿在学校期间有玩的权利；幼儿在学校有问"为什么"的权利。

而美国制定下这样两项规定，据说跟美国历史上一个精神赔偿案有关。

那是发生在1968年的事情，一个3岁的小女孩指着礼品盒上的"OPEN"，对妈妈说她认识上面的第一个字母"O"。妈妈听后十分吃惊，忙问孩子是怎么认识的，孩子说是幼儿园的老师教的。妈妈表扬了孩子一番后，一张诉状将幼儿园告上了法庭，因为老师的教学方式限制了孩子的想象力。

孩子在上幼儿园之前，看到"O"的时候，会将"O"说成是太阳、鸡蛋、足球、苹果等各种圆形的东西，但是老师告诉孩子这是"O"，孩子就失去了想象的能力。所以这位妈妈认为幼儿园应对此负责，并进行精神赔偿。

在法院开庭时，这位妈妈对法官说："我曾在一个公园里见到两只天鹅，一只被剪去了左边的翅膀，放在较大的水塘里；另一只完好无损，放在很小的水塘里。管理人员说，这样能防止它们逃跑，剪去左边翅膀的天鹅因无法保持身体平衡而无法飞行；在小水塘里的天鹅因没有足够的滑翔路程，也只能待在水里。现在，我女儿就犹如一只被剪了翅膀的天鹅，他们剪掉了她想象的翅膀，过早地把她投进了那片只有ABC的小水塘。"

陪审团的成员们都觉得这位妈妈的话十分有道理，最终法官判定幼儿园败诉。

美国前总统威尔逊曾说过："人类因梦想而伟大，所有的成功者都是大梦想家。"但是现实中一些母亲却不这么认为，当孩子骑着扫把满屋子跑，说以后要当拯救世界的大英雄时，母亲会说："那都是童话世界里骗人的把戏。"当孩子拿着化妆品在自己脸上涂涂抹抹，说以后要当化妆师时，母亲说孩子就知道臭美，不知道好好学习……

其实，不管孩子的梦想是伟大的，还是平凡的；不管孩子说以后要当环卫工，还是要当科学家，孩子的梦想都是宝贵的，是值得母亲去珍视的。如果母亲对孩子的梦想进行冷嘲热讽，那孩子可能就会渐渐淡忘了他的梦想；如果母亲对孩子的梦想指手画脚，那孩子的梦想很可能会就此夭折。渐渐地，他们会变得不会想，也不敢想了。

当一个孩子失去了"做梦"的能力，就跟被折断了翅膀的天鹅没有区别了。可悲的是，当他们长大以后，母亲还要责怪他们为什么不会飞。我们想要孩子能够展翅高飞，就不能在孩子喜欢做梦的年龄里剪断他们追求梦想的翅膀。

达尔文的母亲非常希望达尔文也能够成为一名像他父亲那样的医生，无奈的是，达尔文对学医丝毫不感兴趣。母亲将达尔文送到了牧师那里，希望达尔文成为一名牧师，但是达尔文的兴趣也不在做牧师上。

在7岁那年，达尔文对植物和动物产生了浓厚的兴趣，每天他最喜欢的事情，就是搜集许多风干的植物和死去的昆虫。上学以后，达尔文依旧对动植物保持着相当高的热情，常常在课间活动的时候采集植物标本。有一次，正在采集植物标本的达尔文被校长看到了，校长狠狠地批评了达尔文，并说如果达尔文继续玩这些玩意儿，就将达尔文赶出校园。

回到家后，达尔文伤心地将这个消息告诉了自己的母亲。母亲对他说："你不要在学校里采集标本，那样会影响功课。"

达尔文对母亲说:"我想世界上还有很多未被人们发现的奥秘,我将来要周游世界,进行实地考察。"母亲此时意识到达尔文找到了自己感兴趣的领域,便将花园里的一间小棚子交给达尔文,给他做实验室,并对他说:"你要善于并敢于想象,这样才能有所发现。"母亲的鼓励和支持使达尔文更加痴迷于自己的研究了。

最终,达尔文成为著名的生物学家,写出了足以影响整个人类的巨著——《物种起源》。对此,达尔文说:"没有想象,一切都不会存在。"

任何一个孩子,原本在内心深处都有属于自己的那个梦想。孩子的梦想不只是梦想,更是孩子对未来生活的向往,一个个看似异想天开的想法,以后很有可能会成为他们一生努力奋斗的事业。就像毕淑敏说的:"尊重孩子的梦想,让孩子一生幸福,就是最大的成功。"

世界很美好,但也要学会自我保护

善良是一种美好的品质,因此,几乎所有母亲都会教孩子善良。但是不知道有多少母亲在教育孩子善良的同时,也告诉过孩子"要对这个世界保持警惕"。这个世界虽然很美好,但是也有阴暗的角落。

母亲最不能忍受的事情,就是孩子受到伤害,所以母亲会想尽办法保护孩子,但是最近几年儿童遭受伤害的案件却频频出现在大众的视线中。

小元的母亲非常善良,她也经常教导小元要善良,却没有告诉她"害人之心不可有,防人之心不可无"。

一天下了晚自习后,小元独自一人走在回家的路上,看到浑身被雨水淋透了的老人站在路边求助,很多人都对此不予理睬。小元看老人很可怜,就停下了回家的脚步。老人说他身体有些不舒服,问小元能不能送他回家。小元几乎想都没想,就

答应了老人的请求。到了老人家楼下的时候,老人又问小元,能不能送他上楼。小元再一次答应了他的请求。

在家等待小元放学的父母,一直等到了夜里11点也没有见孩子回来,打了多通电话,也没有接通,赶紧报了警。然而警察根据监控视频中的录像,只能看到小元跟着一个面目不清的老人离开了,然后就再也找不到小元的踪迹了。

此后几天,警察一直在这附近搜索,但都一无所获。直到一个星期后,小元的尸体在护城河里被捞出。经过警察夜以继日的破案追踪,终于锁定了嫌疑犯。原来他们是一个犯罪团伙,一个老人在外面骗取他人的同情,等把人骗到家里,他们就会把人迷晕,然后连夜卖到深山里去。当天小元一进屋,就觉得不对劲儿,转身就想跑,结果控制她的人用力过大,将小元给捂死了,最后小元被抛尸在河里。

第1章 亲子关系决定一生

在小元的眼中，老人曾经只是一个被淋湿、身体有些不舒服的可怜爷爷，她的天真和善良，让她没有任何防备之心。她无论如何也想不到，当初站在她面前的，是一只披着人皮的恶魔。

人之初，性本善。孩子从出生起，他所看见的世界就是温暖而美好的，母亲的疼爱和呵护，让他们相信这个世界就是如此，因为没有经历过人性的黑暗，所以孩子无法在危险来临之际第一时间采取保护自己的措施，这是我们在教育上的缺失。所以，让孩子学会在危险来临之际如何自保，是母亲必须给孩子上的一课。

有一个叫刘瑾妮的年轻女孩，在独自去法国旅游时差一点儿就成为第二个章莹颖，但是机智的她，在最后的关头躲过了危险。

当时刘瑾妮入住的是当地声誉不错的酒店，睡到半夜时，她忽然被电话吵醒，对方称自己是酒店的前台人员，需要刘瑾妮立刻离开房间，下楼更改入住信息。刘瑾妮并未在意，但是十分钟后，就有人上来敲门，要求她必须离开，却不回答她为什么要离开。

尽管刘瑾妮对此说法半信半疑，但是出于对酒店的信任，她还是答应了对方的要求，只是心里一直保持着警惕，在离开房间之前，将法国的报警电话设为了快捷键。然后在下楼之时，她观察了楼梯、电梯、洗手间和火警箱的位置，并确定了逃生路线。

到了楼下，她发现前台并没有工作人员，但是酒店门口却停着一辆面包车，车旁边站着一名身材高大的陌生男子，看到她后大步朝她走来。此时，刘瑾妮意识到了不对劲儿，她立马掉头跑回电梯内，按下了4~8层的电梯，然后在4楼下了电梯，躲进了保洁间，并利用之前设定好的快捷键报了警。

事后，刘瑾妮表示，她十分佩服自己的冷静，当时哪怕出现一点点的差错，后果都不堪设想。

我们国家长治久安，人人安居乐业，在治安良好的地方，东西放在门口都不会有人偷盗。这对人民来说是好事，但也很容易让人忘记了"思危"。未雨绸缪从来都不是多此一举，在孩子还没有遭遇危险之前，将如何应对危险的技能率先灌注到孩子的思想中，孩子才能够在危险来临之际知道该怎么做。

人心的复杂程度，没有人能够猜测得到。只有既知晓世界的美好，并温柔以待，又知道人心险恶，时刻保持警惕的孩子，才能够在危险来临之际，用理智的头脑为自己打开一扇通往生存的大门。

温室里的花朵，经不起成长的风浪

很多人说，现在的孩子太"玻璃心"了，只要受到一点儿批评，无论严厉与否，他们就会大哭大闹，不愿意承认自己的错误，也没有承担问题的勇气。遇到挫折时，只会怨天尤人。

有的母亲恨不能时时刻刻都陪在孩子身边，冷了替他们穿衣，渴了喂他们喝水，帮他们看着前面的路，生怕他们摔倒，殚精竭虑想要为孩子挡下一切风雨。在这种环境中成长起来的孩子，就像是温室里的花朵，经不起一点儿风雨。

还有的母亲，长期给孩子施压，只要孩子犯下一点儿错误，就对孩子大加惩罚，导致孩子什么也不敢尝试，因为不尝试就不会错，不会错就不会被惩罚。一个连直面生活的勇气都没有的孩子，又有什么能力来面对生活中的困境呢？

但在人生的道路上，处处都有坎坷，时时都有磨难，若是孩子一点儿打击都禁受不住，又怎么能够在漫长的人生道路中，活出自己的一片精彩天地呢？毕竟母亲再有本事，也不能陪伴孩子一生；金钱再多，也终究不是万能的。人生道路上的不平，只能孩子自己去踏平；人生道路上的苦难，也只能孩子自己去战胜。

因此，有远见的母亲，会从小培养孩子的逆商，让孩子练就强大的心理素质，无论被生活摧毁多少次，都能够重振旗鼓，再次扬帆起航。

1998年高考结束放榜后，有一位少年上了新闻，这个少年并不是什么省内的高考状元，但是他的分数也不低，考了684分，在省内排第171名。分数出来后的第二天，国内知名大学——清华大学的招生办就给这个少年打了电话。

这个少年究竟有什么魅力能得到清华大学的青睐呢？当摄像头对向他的时候，所有人都惊呆了，他是一名截肢少年。两年前，正在读高二，成绩优异的他准备参加中科大少年班的选拔，他通过选拔的概率非常高。但不幸的是，在去拍摄填表照片的路上，他被一辆超载的重型渣土车撞倒了。等他醒来时，已经躺在了医院的病床上，左小腿被截肢，右腿骨折且表皮大面积脱落。

这样的情况，别说参加中科院少年班的选拔了，就连第二年的高考，他都无法参加。换做他人，可能会怨天尤人，甚至可能一蹶不振。但是少年的身体稍有好转，他就拿起了书本，躺在病床上复习起来。躺着学累了，就坐起来靠着妈妈学一会儿。

经过了漫长的 7 个月，经历了大大小小 8 次手术，少年终于再次回到了校园中，并在高考中取得了优异的成绩。那些不了解少年的人，只看到他是一个有着灿烂笑容、阳光帅气的小伙子，从他的脸上，丝毫看不出他曾经历过怎样的逆境。

李玫瑾教授说过，一个人的情商和智商很重要，它可以帮助你在做大事时更加游刃有余，为你的成功锦上添花；但真正决定人生格局的，是对待逆境时的态度，是人的抗逆力。双商可以决定孩子能够站多高，但抗逆力却可以决定孩子能走多远。

可以说，一个抗逆力强的人，即便你将他扔进淤泥里，他也会努力开出一朵灿烂的花，这样的人想不成功都难。所以，作为母亲，我们再怎么爱自己的孩子，也要讲究方法，并不是为孩子包办一切就是为孩子好。真正为孩子好，是将孩子推出去，让孩子经历失败，遭遇挫折，并陪着他们一起走出困境。

允许孩子犯错，错了才知对

母亲对孩子的爱，可以说是这个世界上最无私的爱，母亲甚至可以为了孩子付出自己的生命。但是有的母亲在面对孩子成长中出现的一些小错误时，又往往表现出不能容忍的样子。

为什么愿意为了孩子付出一切的母亲，却无法容忍孩子的一些小小失误呢？明明我们对孩子的爱是那么伟大而无私，孩子体会到的却是母亲总是抓着他们的错处斤斤计较。

归根究底，原因在于母亲对孩子的期待太高了，期望自己的孩子是一个完美的孩子，所以不允许孩子犯一丁点儿错误。但是这个世界上根本不存在完美的人，又怎么能有完美的孩子呢？

作为孩子，在他们心智还不完全成熟的时候，做错事情是很正常的表现，今天丢块橡皮，明天打碎个杯子，后天跟弟弟妹妹打一架，这些表现恰恰是符合他们这个年龄段的。这些无伤大雅的小错误，犯错成本并不高，但是如果母亲因此对孩子进行打骂或是惩罚，则会提高孩子的犯错成本，让孩子害怕犯错，不敢犯错。

如果一个孩子成长在不允许犯错的环境中，那么他在面对错误的时候，往往支支吾吾，不敢承认，甚至会撒谎掩盖。

著名教育学者尹建莉曾说："童年需要'试错'，需要孩子'不听话'。不允许孩子犯错误，要孩子事事听命于家长，这犹如不允许学走路的孩子摔跤一样，是以暂时的、表面的完美取代长久的、内在的完善。"

尹建莉孩子的奶奶家，在内蒙古的牧区。牧区没有自来水，人们用水的时候，都是从院子的水井里打上来，再将水储存在厨房的水缸里，一家人吃喝时就用小瓢从缸里舀水。

但女儿园园并不知道这一点，第一次去奶奶家时，当她想洗手的时候，直接拿着脸盆去水缸里舀水了。要知道脸盆的外面长时间不清洗，藏着很多细菌，脸盆一下去，一缸水就不能用了。所以当妈妈和奶奶看到园园的动作时，都下意识地惊呼了一声。这一声惊叫将园园吓了一跳，顿时手足无措地站在那里不知如何是好。

奶奶连忙笑着说:"城里的孩子只会用水龙头接水,还不知道大水缸里的水怎么用呢!"

后来,园园知道了水缸里的水要用小瓢舀出来使用,也知道了大水缸里的水是从哪里来的,并把奶奶院里的鸡、羊、猪的饮水池里都加满了水,跟妈妈一起用一下午的时间把水缸清洗干净,并换上了干净的水。

接纳孩子,现在已经成为越来越多母亲的共识。但是要真正做到接纳孩子,不仅要接纳孩子的主体性,承认孩子是一个独立的个体,是超脱于母亲意志之外的存在,更要做到接纳犯错误的孩子。不要说是孩子,就是大人也不能保证自己永不犯错。

孩子的每一次"犯错"都是在了解这个世界的规则,阻止孩子"犯错",等于剥夺了孩子独立与世界相处的机会。犯错并不可怕,反而是教孩子正确地面对并处理错误的好机会。

有网友曾分享过一段她儿时的经历。小时候父母忙着生计顾不上管她,有一次她看到桌子上放着一些零钱,便拿着这些零钱跑出去,带着自己的小伙伴们到小卖铺购物,买了许多零食和玩具，将钱花得一分也不剩。

晚上妈妈回来，看到钱不在了，就问她拿了没有，她实话实说，告诉了妈妈钱的去向。结果妈妈听完，拿起木棍，狠狠地抽打在她身上，一边打一边骂："让你拿父母的钱，让你去装阔，拿自己家的钱去请客！你知不知道你爸妈每天有多累！"

她只知道身上很痛，却不知道妈妈为什么会发那么大火，大人不也经常请客吃饭吗？父母也经常给她零用钱啊，为什么这一次就要挨打呢？

后来，妈妈的气消了，拉过她的手，跟她说："第一，父母没有说给你的钱，就不能拿，如果要拿，必须经过父母的同意。第二，可以请小朋友吃零食，但是要在自己能力范围之内。"

她这才知道，自己究竟错在了哪里，从那以后，她再也没有偷拿过家里一分钱。

心理学和生活常识早就告诉我们，一个人做某件事的精细程度和熟练程度有关，粗糙和失误是万事开始阶段的必然，只有经历过失误，并在失误中不断总结经验，才能越做越精准。孩子有时候会犯错，是因为他们不知道正确的做法是什么。孩子不会天生就会揣摩成人的想法，很多时候孩子犯下的"错误"，只不过是孩子的行为和大人的预想不一致罢了。所以孩子需要的永远都不是责备和大道理，而是知道自己可以怎么做。

错误从来就不可怕，可怕的是母亲一直追求"正确而完美"的成长路线，不允许孩子犯一点点错误。在注定会犯错的人生里，允许孩子犯错，并接纳孩子犯下的错，是母亲给孩子最好的礼物。

做好"后盾",让孩子大胆去尝试

想要知道螃蟹的滋味,就要亲自去尝一尝,否则怎么会知道那坚硬的外壳下,藏着怎样的新鲜美味呢?孩子的成长也是如此。对孩子而言,好奇心是他们的天性,他们通过模仿和尝试来增长对这个世界的认知,无论什么事情,孩子想要了解得更加透彻,就需要亲自去尝试。

可现实中很多母亲总是阻止孩子进行各种尝试,因为有的尝试会产生危险,所以为了孩子的安全,母亲宁可孩子不去尝试;而有的尝试母亲一早就知道了结局,为了避免孩子浪费时间,所以直接将答案告诉了孩子。

母亲认为这是对孩子的爱,实际上却是对孩子的一种伤害。因为孩子失去了主动尝试的机会,同时也就失去了主动做事的积极性,时间长了,就会造成孩子依赖他人,心里也会变得更加胆怯,无论什么事情都没有勇气去尝试了。

孩子还小的时候，尚可以在母亲的羽翼下生存，孩子长大以后呢？这个世界终究还是要孩子自己去闯荡的，闯荡世界没有点儿探索精神又怎么能行呢？一位儿童心理学家说："人应该有探索，有追求。"

俗话说："初生牛犊不怕虎。"孩子本来是无所畏惧的，他们喜欢探索一切未知的事物。这时候，身为母亲我们要做的不是阻拦，而是支持。

有一个小女孩，她从小和妈妈相依为命。妈妈文化程度不高，在菜市场里做卫生清洁员。每天妈妈下班后，都会从市场买一些卖不掉的蔬菜回家，而最常买回家的，就是豆苗。有一天，女孩问妈妈："为什么总是买豆苗呢？"妈妈回答她说："因为豆苗比较便宜。"

女儿听了，问妈妈道："那我们是不是也能种些豆苗呢？这样就省下了买豆苗的钱。"

对于一个从来没有种植过蔬菜的人来说，这样的想法未免有些不切实际。但是妈妈却没有驳回孩子的建议，而是说："我们可以试一试。"

她们用心准备了土壤和种子，但是因为缺乏相关的经验，豆苗没有种出来。但是母女二人并没有因此放弃，她们又进行了第二次尝试，结果第二次的豆苗枯死了。接着她们又开始了第三次的尝试，依旧是失败了。

这几次失败让她们本就不富裕的家庭，更加拮据了，看着越来越少的存款，还有女儿依旧向往的神情，妈妈决定陪女儿继续尝试下去。为此，只有小学四年级文化水平的妈妈，专门找到了豆苗培植基地，询问技术人员培植豆苗的窍门。在母女不懈的努力下，她们终于种出了豆苗。

后来女儿成了一名生物学家，正是妈妈那一句"我们试试"，像神奇的养料，给小女孩的成长注入了无限的动力。

母亲对孩子的支持，与文化程度并无多大关系。格局大的母亲，会想方设法去满足孩子的好奇心，无论前方的答案是什么，都会鼓励孩子去试一试。尝试成功自古无，自古成功在尝试。任何事情在没有做之前，谁也无法断定它是否成功，但成功的事物都是从尝试开始的。即便失败了也没有关系，因为最重要的是勇于尝试的过程，而不是最终的结果。

常言说得好："抱大的孩子不会走。"孩子只有亲自尝试了，才能知道什么应该做，什么不应该做；才能知道什么适合自己，什么不适合自己。只有他们亲自去尝试了，才能更加主动地去面对和解决困难，才能有战胜困难的勇气，才能不断地提高自己解决问题的能力。

给予孩子建议，尊重孩子的决定

现实中，经常听到很多母亲这样对孩子说：

"你还小，什么都不懂，所以得妈妈帮你做决定。"

"我们先决定了，你只需要服从就可以了。"

"我们这么做不都是为了你好吗？就这样决定好了。"

"妈妈这么做完全是考虑到你未来的人生，等你长大了就知道了。"

因为爱，很多母亲越俎代庖，自作主张地为孩子做出了"更好"的选择，但是孩子会开心吗？如果我们的选择恰巧是孩子的心愿，那么孩子自然会感到开心，虽然他们更愿意这个选择是自己做出的；但如果我们的选择不是孩子心中所想，那么孩子绝对不会开心。

孩子2岁时，他们的自主意识就开始萌芽，三四岁时自主意识就已经开始发展。当孩子有了自主意识，就不愿意什么事情都听从母亲的决定了，他们更愿意自己做决定，这是他们正常的心理需求。

如果这种需求长期不被满足，孩子的自主意识就会被抑制，自信心会受打击，影响孩子对自己的评价，很可能导致孩子产生消极的自我评价，而这一点可能会深植于他的内心。等到长大后，他们会变得缺乏判断力和选择的能力，同时也缺乏责任感，凡事依赖他人，缺乏自己的主见，这个时候母亲再想培养孩子自己做主的能力，就很难了。相反，从小拥有决定权的孩子，才能学会为自己做出正确的选择。

当然了，因为年龄的原因，孩子在做出选择的时候，难免会出现失误。但是哪怕最后他们选错了、走了弯路，也是心甘情愿的。而且，小的时候决策失败的成本是最低的，等长大之后，因为经验的缺失，一旦决策错误，往往需要花费大量的精力财力才能补救。

所以，我们要把决定权留给孩子，培养孩子独立的人格，凡事自己思考，拥有自己的意见。会做决定也是一项生存技能，对孩子的未来很重要，而且人通常会对自己做出的决定更负责。

每一个优秀的孩子背后,都离不开父母爱的托举。晓阳出生在四川某个小镇的普通家庭中,从小她就表现出了不俗的射击天分。有一次,爸爸带晓阳去镇上玩,街上摆着一个射击的摊位,若是能打中10枪,就送一个毛绒玩具,晓阳立刻就被吸引了。没想到她第一次拿起枪,就取得十发九中的好成绩。而这一幕,正巧被省射击队的教练员看到了,教练员断定,若是晓阳经过专业的训练,日后一定能够为国争光。于是,教练员跟着晓阳他们回到了家,并对晓阳父母说明了想要招晓阳进训练队的想法。

晓阳的父母几乎是立即就回绝了教练员的"好意",因为在父母看来,晓阳是女孩子,应该去学习一些舞蹈、绘画之类的特长,不应该整日玩枪弄剑的。可是晓阳不这么想,经过在小摊上的初次尝试,晓阳已经深深被射击这项运动吸引了。

等到教练员走后,晓阳对爸爸妈妈说,她想进入射击队。父母怕她只是一时兴起,便将所有的问题和可能导致的结果讲给她听,让她自己思考,到底是选择一条中规中矩的人生道路,还是选择一条充满了冒险与挑战的人生路。孩子的未来有无数种可能,路要怎么走,还是要孩子自己选择才行。

晓阳认真地听父母分析完,最后还是坚持了自己的选择,而晓阳父母选择了支持孩子的决定。结果没有半年,晓阳就跟父母说，她不想学射击了，学射击枯燥乏味，还十分辛苦。此时，晓阳父母没有像上一次那样选择支持孩子的选择，而是对她说："爸妈不建议你半途而废，因为这是你自己选的道路，你应该坚持下去。"听了父母的话，晓阳选择了继续坚持下去。

将人生转折点的选择权交给孩子，而母亲只给予自己的建议，这是对孩子的尊重。

纪伯伦曾说："你的孩子其实不是你的孩子。孩子是他们自己的，尊重孩子，才是父母最温暖的养育。"

孩子的人生是自己的，他们有自己的思想，有自己的憧憬。母亲可以引导，但不能霸占。真正的爱，不是压榨，不是剥削，更不是控制，而是尊重。对于母亲来说，能为孩子做的最正确的事，不是让他一定要长成什么样子，而是给他足够的水分和养料，不管他最后开什么颜色的花，母亲都能发自内心地为他鼓掌。

孩子也需要承担责任和使命

每个人的肩膀上都有一份属于自己的责任,需要独自去担当,孩子也不例外。

有的母亲认为,孩子那么小,担不起什么事,所以常常跟在孩子屁股后头承担后果。这会导致孩子责任感缺失,今后更加随意地犯错误,越来越爱惹是生非,因为总会有人替他们承担后果。

有一个叫小磊的男孩,年仅18岁,就因为盗窃抢劫杀人等罪名被关进了监狱。追溯小磊的成长时,发现他之所以会走上歧途,跟他母亲的教育有很大的关系。

小磊的父亲酗酒成性,每次喝多了,就对小磊的母亲拳脚相向,最终无法忍受的小磊母亲选择了离婚,小磊被判给了父亲。母亲走以后,小磊便成了父亲的出气筒,父亲时常一边打他,一边咒骂他的母亲。这让小磊的身体和心理,常年承受着双重煎熬。

母亲的缺席和父亲的暴躁，让小磊的心理渐渐地扭曲了。等到母亲将他接回身边时，他的内心已经播种下了"恶"的种子。小磊母亲再婚后，将小磊接到了自己的身边。由于缺席了小磊几年的成长时光，母亲内心十分愧疚，因此极尽溺爱。小磊跟同学打架了，母亲代他去道歉；小磊逃学出去玩，母亲替他跟老师撒谎，躲过老师的责罚。小磊第一次因为偷窃被送进看守所，母亲交了巨额的保证金，将他从看守所中保释了出来。

母亲的包庇，不但没有让小磊迷途知返，反而令他更加肆无忌惮，从最初的偷窃变成了抢劫，最后变成了抢劫不成直接将人殴打致死。最后小磊因为多罪并罚，被判处死刑。

面对小磊的罪有应得，母亲不但没有流露出一丝丝"恨铁不成钢"和愧疚之情，反而自责自己的能力不够，没能帮到小磊更多。

作为母亲，在孩子犯错时，不但没有让孩子去承担应该承担的后果，反而还想方设法让孩子少受一些惩罚。正是小磊母亲这种"爱子之情"一步步将孩子推进了深渊。永远不要认为我们的孩子还小，等他长大了自然懂得承担后果。一个小时候因为赖床迟到，就有母亲帮他写请假条，让他免除责罚的孩子，这辈子都学不会如何去承担自己该承担的责任。

真正爱孩子，是让孩子学会如何承担起人生的责任和使命，遇到事，不怕事，遇到问题，也不会退缩，成为一个顶天立地的人，而不是出了事只会喊"妈妈"的懦夫。

1922年，在美国中部的伊利诺伊州，一个小男孩出生了。11岁时，这个小男孩在外面踢足球，一脚踢出去后，足球不偏不倚地落在了邻居家的窗户上，窗户上的玻璃被打碎了。邻居要求赔偿12.5美元，这可不是一个小数目。

母亲知道此事后，虽然帮他垫付了钱，但是要求他自己来承担这个后果，这12.5美元是母亲借给他的钱，要他一年以后还清。小男孩答应了下来，从此以后，他每天想尽一切办法打工赚钱，从不舍得乱花一分钱，终于他攒够了12.5美元还给了父亲。

这个小男孩名叫"里根"，曾任美国总统。在美国历史上，里根是深受美国民众喜爱的总统之一，美国民众将他与华盛顿、林肯、罗斯福并称为"美国最伟大的四位总统"。

当了总统以后，记者问里根，是如何成为总统的，里根就给记者讲了以上这个故事。强大的责任心，让里根从一个好莱坞的三流演员，成为万人敬仰的总统。

把解决问题的责任和权利留给孩子，让他们自己想办法，如果孩子需要帮助，那母亲要告诉孩子，提供帮助可以，但这本该是他自己承担的责任，母亲的爱虽然是无限的，但是帮助是有限的。

只有孩子懂得了自己的一举一动都会产生相应的后果，那么他们才能在今后的成长过程中，变得越来越有责任感，为自己的行为负责。

第 2 章
给孩子最好的礼物

孩子在不停地成长，过去不能代表他们的现在，现在也不能代表他们的未来。用成长型思维对待孩子，会发现孩子身上以前没有被发现的长处，也会发现曾经的短处变成了长处。用发展的眼光看待孩子，接纳孩子，相信孩子，鼓励孩子，不要以自己的条条框框来限制孩子，也不要只看眼前不看以后。做学习型的母亲，跟随着孩子的脚步一同成长，相信我们的孩子未来一定会很好。

孩子的未来，比眼前的利益更加重要

有这样一个小男孩，他出生在一个贫困的家庭，早早辍学在家，但因为长相酷似某一世界名人，所以被某经纪公司签约成为艺人。小小年纪便游走在各大城市之间，一时间赚取了不菲的收入，极大地改变了家庭的经济条件。然而，没过多久，男孩便不再受欢迎，赚不到钱的经纪公司便选择了解约，男孩只好再次回到了家乡。可是现在的他，既错过了上学的年龄，又没有任何特长和能力，只能等着"坐吃山空"。

其实，在这个小男孩刚刚出名的时候，就有一个企业家表明，愿意出资供他上学，但是男孩的母亲却觉得上了学也不一定能够挣到大钱，还不如去当艺人，至少现在就能挣到钱。但他们却没有想到，没有过硬的本领，也没有知识文化，是无法得到一张"长期饭票"的。

母亲缺乏长远的眼光，只注重眼前的利益，耽误的是孩子的一生。男孩的例子虽然有一定的特殊性，但是生活中不乏像男孩一样的孩子，因为母亲急功近利，只教会他们注重眼前利益，导致了孩子对人生没有长远的打算，活成了"伤仲永"。

一个人，即便再富有，如果没有大的格局，也会有衰败的一天，因为他永远也挣不到他认知以外的钱。

童年时期，正是孩子构建知识体系的重要阶段，母亲给孩子输入什么样的价值观和世界观，那么他们得到的就是什么样的价值观和世界观。若是此时被母亲灌输了肤浅有害的信息，那么孩子的一生都将受此影响。那些目光短浅、急功近利的母亲，表面上是给孩子铺了一条前程似锦的路，实际上，是把孩子推进了鲜花覆盖的陷阱。

《战国策》中的名篇《触龙说赵太后》有言："父母之爱子，则为之计深远。"意思是说，天下之大爱就是父母爱孩子的那种爱，父母爱孩子，就要为孩子的长远考虑，把孩子的未来都考虑好了。

这句话放在现在，依旧十分受用。爱孩子是每一个母亲都会做的事情，但是孩子能走多远，能站多高，却是母亲教育的智慧，是母亲无形中传达给孩子的信息，决定了孩子将来的前途命运。

高尔基曾说过："爱护自己的孩子，这是母鸡都会做的，但教育好孩子却是一门艺术。"如果母亲教育孩子，只看重当下的利益，那么孩子的命运终究是可悲的。所谓的寒门难出贵子，其中一部分原因是母亲没有远见，不会为自己的孩子"计深远"。而如果母亲能够懂得孩子的未来比眼前的利益更重要，那孩子的未来则不可限量。

晓勤出生在一个较为贫困的家庭，全家的生计都靠着父亲在外打工来维持。晓勤懂得父母不易，因此学习格外用功。然而，在晓勤13岁那一年，父亲因为意外瘫痪，家里一下子失去了经济支柱。看着整日愁眉苦脸的母亲，懂事的晓勤向学校提出了退学，然后准备外出打工，为家里减轻负担。

母亲得知后，狠狠地给了晓勤一巴掌，对她说："如果你现在出去打工，那一辈子只能是打工仔，跟你爸爸妈妈一样，做着最累最苦的活。但如果你去上学，就有能力改变自己的命运，改变整个家庭的命运。"

听了母亲的话，晓勤心里憋着一股劲儿，再次回到了校园里。母亲为了维持生计，到离家很远的砖窑去搬砖。晓勤一边更加努力地读书，一边帮助母亲照顾父亲。就这样，晓勤以优异的成绩考上了高中，但是晓勤担心母亲又要挣钱又要照顾父亲，会太过于辛苦，便再次生出了退学的念头。

学校得知了晓勤的困难后，不但免费让晓勤住宿，还愿意让晓勤的母亲到学校里做勤杂工。三年后，晓勤以优异的成绩考上了重点大学。在大学里，她一边上学一边打工，年年还能够得到学校的奖学金，她完全依靠自己的能力养活了自己，养活了父母。

最后果真如母亲所说，毕业后她进了一家大企业，实现了人生的逆转，改变了自己的命运。

母亲在培养孩子的道路上，要学会放弃眼前的诱惑，不被暂时的利益扰乱心智，不做缺乏长远目光的选择，只有这样，才能帮助孩子获得更长远的发展。

请用发展的眼光看待孩子

有的母亲很爱当预言家，孩子一年级时考试考了 70 分，母亲就会说："你这样将来上不了好大学，找不到好工作。"孩子不愿意端水给母亲喝，母亲就会说："现在就指望不上，等我老了也指望不上你了，我看是白养你了。"

地球没有一刻停止转动，世界也没有一刻不在发生着改变，就像在 30 年前，没有人能够想到移动支付成为趋势，那么母亲凭什么就断定孩子的未来一定会如自己所言呢？

由此可见，在说不清"意外和明天"谁先到来时，任何对未来的预言都不是真的。可悲的是，母亲的预言能不能成真还不知道，却会在一定程度上严重影响孩子的发展。当母亲长期用固有的印象看待孩子时，孩子会不敢向母亲表达自己的想法，因为等待孩子的往往是母亲的否定和打击。当孩子无力反驳母亲时，他们便逐渐开始认同母亲的想法，认为自己就是一个"无能"的人，从而变得越来越不自信，也不愿意展现和表达自己了。

心理学教授菲利普曾做过这样一个实验，他以每天15美元的工资雇用了一批身体健康、心理稳定、遵纪守法的好学生来参加实验，然后将他们带到了事先改造好的"教室"里，之后便对他们进行角色分配。分配的方式以抽签的方式决定，一部分人扮演"老师"，一部分人扮演"学生"。"老师"穿着职业装，"学生"穿着校服。

实验开始后，"老师"们都站在讲台上讲课。刚开始，同学们都知道这仅仅是一个实验，所以没有感觉到丝毫不妥，完全当作游戏一般，没有人认真对待。当不听话的"学生"被老师责罚，甚至是赶出"教室"后，双方还能够隔着栅栏聊天。但是没过多久，有"学生"开始不服了，反抗"老师"说："我们只是在玩游戏，你们不过是运气好，抽中了老师而已，并没有资格管我们。"

可是这样的反抗并没有维持多久，"学生"们渐渐认同了自己的角色，并出现讨好"老师"的行为。这场原计划持续半个月的实验，只维持了一个星期就结束了，因为菲利普教授觉得"定性"对孩子的影响太大了，在此后长达一年的时间里，他都对参加实验的学生进行心理辅导，帮助他们尽快回归到正常的社会角色当中。

这个实验结果当初一经发表，就引起了教育界的轰动。因为这个实验很好地诠释了心理暗示的作用，也让很多母亲明白了，为什么孩子在刚出生时各方面的表现都差不多，但是随着成长产生了巨大的差异。原因就在于，有的母亲会用发展的眼光看待孩子，不会对孩子的未来轻易下结论，只会鼓励孩子当下所做的有益行为。但是有的母亲会过早地对孩子的未来下定论，仅凭孩子一时的行为，就断定孩子以后的成长走向。孩子就是在这样一次又一次的心理暗示下，差距变得越来越大。有的孩子认为自己的未来有无数种可能，他们会为了得到最好的结果而持续努力，而有的孩子则认为自己已经没有什么前途可言了，所以变得"破罐子破摔"起来。

母亲现在看到孩子身上的缺点，并不是不可逆转的，因为孩子是不断成长的，随着他们心智的不断成熟，认知能力不断发展，潜能也不断被开发，再加上母亲的正确引导，这些缺点必然会得到改善。

有句话说得好，当孩子还小时，母亲尚能够做到引领；当孩子再大一些时，母亲能够做到的只有陪伴；而当孩子已经长大了时，母亲能够做到的就只有仰望了。所以说，孩子是一个不断发展的个体，他们会成长，会改变，会超越自己的母亲。

因此，有格局的母亲永远不会凭自己有限的经验，来定论孩子无限的未来。3岁不一定能看到大，7岁也不一定能够看到老，唯物辩证法强调世界上的事物是运动、变化、发展的，不存在一成不变的东西，只要母亲引导得好，今天的"淘气包"，也许就是明天的优等生。

物以类聚，孩子却不能以"群分"

在教育孩子的过程中，母亲最常犯的错误就是给孩子分类，然后贴上"标签"，而且这些"标签"大多数还是负面的。比如孩子看电视时间久了一点儿，就会说孩子："你就看电视积极，学习一点儿也不积极。"

母亲这种贴"标签"的行为，本质上源于母亲对孩子成长过程中所出现问题的一种焦虑与恐惧，想要加深孩子对此行为的认知，以此来刺激孩子，希望孩子能够改正。殊不知，母亲这样粗暴的分类，只会让自己失去一双公平、公正的眼睛，以错误的方式去对待孩子，使孩子对自己的认知也出现偏差。

丽丽有两个孩子：老大雪儿，老二星儿。因为雪儿乖巧懂事学习成绩好，就被丽丽归为"好孩子"，而老二星儿淘气顽皮不爱学习，所以在丽丽眼里就是"坏孩子"。

有一次，星儿将家里的玻璃都擦干净了，然后满心欢喜地等着妈妈回来表扬自己,结果丽丽回来后不但没有表扬他,反而训斥他说:"你以为我不知道你?你不就是想通过擦玻璃逃避写作业吗?我还能冤枉了你?我正式通知你,你得不到我的表扬,回去做作业去!快去!"

妈妈的话让星儿沮丧到了极点,雪儿见状,想要安慰星儿,便假装和星儿一样趴在桌子上睡觉。丽丽见了,立刻将星儿叫醒,问道:"你昨天晚上又玩游戏机了吧?上网玩电脑了吧?"然后走到雪儿身边,关心地问道:"肯定是昨天晚上复习功课太晚了!快回房间睡,别着凉了。"

因为给星儿贴上了坏孩子的"标签",所以无论星儿做了什么事,在丽丽眼里都不是好事;而被贴了好孩子"标签"的雪儿,即便做了坏事也会变成好事。更重要的是,母亲的"标签"还会影响孩子一生的发展。

现代心理学指出,当一个人被一种词语名称贴上标签时,他就会做出自我印象管理,使自己的行为与所贴的标签内容相一致。这种现象是由于贴上标签后引起的,所以被称为"标签效应",也被称为"暗示效应"。

之所以会出现这种效应,是因为"标签"具有定性导向的作用，无论是"好"还是"坏"，它对一个人的"个性意识的自我认同"都有强烈的影响作用。所以，当一个孩子总是被母亲说"笨"时，就会在一次次的心理暗示中，加深对自己的这一认知，从而朝着"笨"的方向发展。

而从小被母亲贴"标签"的孩子，就像是动物园里从小就被拴上了铁链的小象，就算有一天长大了，拥有了足够大的力气，却也仍旧没有挣脱铁链的勇气。因此，作为母亲，我们切不可动不动就给孩子贴上"标签"，不要让标签限制孩子的成长。

著名人际关系学大师卡耐基从小就失去了母亲，缺少母亲疼爱的卡耐基十分淘气，时常让人头疼，父亲也不太喜欢他，觉得他是个坏孩子。

在卡耐基9岁那年，父亲又娶了一个新妻子。婚礼过后，父亲指着卡耐基对新妻子说："亲爱的，希望你注意这个全郡最坏的男孩，他可让我头疼死了，说不定他就会在明天早晨拿石头丢向你，或是做出什么其他坏事，总之他会让你防不胜防。"

听了父亲的话，卡耐基立刻就用一种充满了敌意和挑衅的目光看着继母，想要给她点"颜色"看看。但是继母丝毫没有生气，只是微笑着走到他身边，托起他的头看着丈夫说："你错了，他可不是全郡最坏的男孩，而是最聪明，但还没有找到发泄热忱的地方的男孩。"

卡耐基被继母的话震惊了，他没有想到这个初次见面的女人对他的态度与父亲完全不同，这让卡耐基十分感动。从那以后，他收敛起了自己的脾气，努力去寻找能够发泄自己热忱的兴趣点。卡耐基通过不断的努力，出版了著作《人性的弱点》，被西方世界视为社交技巧的宝典之一。

母亲最正确的做法，就是撕掉贴在孩子身上的"标签"。当孩子出现不良的行为时就事论事，用具体的指导代替盲目的指责。当孩子表现不错时，也不要夸大其词，这样很容易让孩子迷失自我，并且一旦发现自己并不像母亲所说的那样优秀时，他们便会对自己的优点失去信心，对母亲的话失去信任。

总而言之，教育孩子需要母亲十分细心，仔细观察孩子的每一个行为，对孩子实施具有个性化的教育，而不是给孩子贴上"标签"，将孩子笼统地归进"好孩子"或是"坏孩子"之中。

赞扬孩子的努力，而非天赋

中国伟大的教育家陶行知先生，早在半个世纪之前就深刻地指出：教育孩子的全部秘密是解放孩子。而解放孩子，首先就要赏识孩子，没有赏识就没有教育。

现在越来越多的母亲意识到了赞美的重要性，并且也在推崇"好孩子是夸出来的"这种教育理念，但如果你还在夸孩子"你真聪明"，那还不如不夸。斯坦福大学心理学教授卡罗尔·德韦克经过一系列的研究后告诉我们："赞美孩子的天赋而非他的努力、策略和选择，是在慢性地扼杀他的成长型思维！"

为此，卡罗尔·德韦克教授专门做了一个实验：

她将同样年龄段的小朋友们分为两组，然后分别给他们同样难度的拼图。当孩子们将拼图完整地拼好后，她对其中一组学生进行这样的称赞："你对拼图很有天分，你很聪明。"对另一组学生进行这样的称赞："你刚才一定非常努力，所以表现十分出色。"

随后，让两组小朋友参加第二轮的拼图测试，并对拼图的难度进行了升级。在拼的过程中，孩子们都遇到了不同程度的困难，被夸聪明的那组孩子，表现出的是暴躁和易怒，他们反复说"越来越没意思了，我不想继续下去了"；而被夸努力的那组孩子，则显得平静了不少，面对他们解决不了的难题时，他们说得最多的是"我喜欢接受挑战，再试一试，我一定行"。

当被增加了难度的拼图再度给到孩子们手中时，被夸聪明的那组孩子大多数放弃了继续挑战，而被夸努力的那组孩子几乎全部选择了继续挑战。

出现这种结果的原因，就在于"夸奖"二字上。夸奖孩子聪明，确实可以在一定程度上增强孩子的自信，可以让孩子更好地完成某件事情，但是所能起到的作用也就一点点而已。因为孩子只相信在自己聪明范围内能够做到的事情，一旦他们经历了失败，他们就会选择放弃，因为只有放弃了才不会失败，不失败就证明自己依旧很聪明。

因此，夸孩子聪明，实际上是鼓励孩子用一种固定的心态看待自己，因为聪明是天生的，所以最初什么样，最终也会是什么样。如果孩子长期陷在这种情绪之中，他的内心会渐渐不堪重负，因为他总是会担心别人看到他不聪明的一面，所以做事情就会畏首畏尾，遇到困难就想要直接放弃。

而夸孩子努力，则是在鼓励孩子用"成长的心态"看待自己，因为没有人天生就会努力，努力是后天形成的，是可以不断增加的东西。当孩子经常被称赞努力时，他们不但不会产生压力，还会想办法让自己变得更好。当他们遇到挑战时，内心会产生一种"我只要努力就能做到"的掌控感，所以他们更愿意去尝试更有难度的挑战。

中国著名的家庭教育专家周弘，因"赏识教育法"而名扬全国。周弘第一次让女儿婷婷做应用题时，10道题里面婷婷只做对了1道。当婷婷一脸沮丧地拿着题给周弘看时，周弘没有像一般的家长那样表现得很失望，也没有在孩子错的地方打叉，而是在对的地方打了一个大大的对勾，然后发自肺腑地说："婷婷，你太棒了！第一次做应用题就对了1道。我像你这么大的时候，这种题目碰都不敢碰！"

婷婷听了这话，自豪得不得了，越来越爱做题，一次比一次对得多，在升初中的考试当中，数学得了99分。

周弘一句发自肺腑的"你真棒"，改变了一个看似很笨的孩子的一生，同时也向我们展示了如何夸赞孩子才是最有效的。那就是夸的时候一定要真诚，并且内容具体，孩子究竟哪里做得好，什么地方表现得棒，要在夸奖之中明确地指出来。只有这样，孩子才知道该朝着什么样的方向去努力。

孩子的成长道路犹如跑道和赛场，应为他们多喊"加油"，高呼"孩子，你真棒"，哪怕孩子一千次跌倒，也要坚信他第一千零一次能站起来。

成为母亲不需要考试，但需要学习

人的一生似乎都在经历种种考试，上小学时每个学期都要考试，上了高中几乎每个月都有考试，上大学要考试，大学毕业后找工作也需要考试，虽然考试的内容与形式会有一些变化，但是考试的核心却从来没有变过，都是检测一个人在某一方面是否达标合格。然而悲哀的是，成为母亲却不需要考试。这就意味着有的人可以将孩子教育得很好，而有的人却因为自己的不足，影响了孩子的一生。那些被教育得很好的孩子，他们身上几乎都有一个特点，那就是母亲善于学习。

小柔是一个非常优秀的女孩子，不但学习成绩优异，还多次获得过国家书画大赛的奖项。别人问她为何如此优秀时，她的回答是，因为她有一个"奇葩"奶奶。

别的老人家到了80岁不是坐在巷子口打纸牌，就是坐在家里看电视，而她的奶奶却仍旧在学习，尤其喜欢做奥数题。年轻时的奶奶本就是一个爱学习的人，小柔上了小学以后，她的数学题都是由奶奶辅导，平时也是奶奶陪着她一起去辅导班学习，有时候奶奶还会和老师们一起讨论。

对于孙女的调侃，奶奶说出了自己的见解，老人家说："我们只是普普通通的技术人员，这个时代发展得太快，只有学习才能与时俱进，每个人都应该活到老学到老。"

虽然我们不用考试就能够成为母亲，但是却需要学习，一方面学习更多的文化知识，另一方面学习如何成为更好的母亲。因为母亲是孩子的领路人，母亲的文化修养越高，就越能带孩子学习更多的知识，同时还可能成为孩子的榜样；学习如何成为更好的母亲，是因为我们每个人都是不完美的，但是却想让孩子"青出于蓝而胜于蓝"，所以才需要努力学习，去弥补自己在教育孩子的过程中所暴露出的不足之处。

文英是家中的二女儿，上面有一个姐姐，下面有一个弟弟。而妈妈本能地迁就大女儿宠爱小儿子，夹在中间的文英成了"被遗忘的角落"。

有一天早晨，妈妈在做早点时发现家里只有两个鸡蛋了，于是有些为难地看着文英，文英瞬间明白了妈妈的意思，连忙说道："我不吃了。"结果姐姐和弟弟一人一个煎蛋，文英却只能吃自己不喜欢吃的豆腐乳。还有一次,邻居送给文英家一只炸鸡,姐姐和弟弟都争着要鸡腿吃,于是妈妈掰下了一只鸡腿给了弟弟,另一只鸡腿给了姐姐,然后给了文英鸡翅膀。文英很失望,但是她却没有说出口。

就是因为文英一直都表现出很懂事的样子,所以在家里妈妈凡事都最后考虑她,她就连生日都要跟姐姐一起过,等姐姐吹完蜡烛,拔掉两根,再给她唱一遍生日歌。年年都是如此,尽管文英的生日比姐姐要晚两天。文英心中一直十分渴望能够独自过一次生日。但是妈妈为了节约开支,每次都选择了委屈文英,只因为文英比姐姐更加懂事听话。

终于在一次过生日时,文英再也忍受不了了,她哭着说出了自己的委屈,让妈妈认识到了自己的错误。为了弥补文英,妈妈特地重新买了一个蛋糕给文英道歉,希望文英能够体谅他们为人父母做得不周到的地方,以后她会努力做一个好妈妈。妈妈的话,让委屈了多年的文英忍不住红了眼眶。

在做母亲的路上,每个人都是摸索着前进,但孩子的成长却不会给我们重来一次的机会,决定了我们一旦犯错就会造成难以挽回的局面。唯有踏踏实实、勤勤恳恳地学习如何做母亲,才不会在孩子的成长过程中掉队。

孩子的问题，答案在母亲身上

孩子的成长离不开家庭环境的制约，瑞士心理学家荣格曾说过："原生家庭对家里子女的影响越深刻，子女长大之后就越倾向于按照幼年时小小的世界观来观察和感受成年人的大世界。"

我们中国也有一句谚语："龙生龙，凤生凤，老鼠的孩子会打洞。"这句谚语对老鼠没有任何的诋毁之意，旨在说明家庭环境对孩子成长的影响，甚至可以说"父母是原件，孩子是复印件"。

有一位母亲，每天晚上都会强迫孩子喝牛奶，孩子已经15岁了，依旧被逼着喝牛奶。如果孩子不愿意喝，她就会想尽各种办法让孩子喝下去，即便经常有很多更重要的事情等着她去做，但她依旧认为当下最迫切的事情就是让孩子把奶喝完。

有一次，孩子因为不想喝，所以磨蹭了很久，这位母亲一下子爆发了，在争吵中，孩子哭着问她："我不喜欢喝牛奶，你为什么天天都要逼着我喝牛奶？"是啊，为什么呢？这位母亲一下子陷入了沉思当中。

经过一晚上的思考，她发现自己并不是十分在意孩子是否喝牛奶这件事，却不由自主地这样选择了，因为她就是这样长大的，从小每天都必须喝一杯牛奶，就算她某天不愿意喝，也会在父母的威逼利诱下喝下去，所以现在她认为她的孩子也理所应当这样做。

想通了这一点，这位母亲忽然就释怀了，她不再逼着孩子喝牛奶了。孩子身上出现的种种问题，或好或坏，都能从其母亲身上找到原因。哪怕这个孩子成年后，如果他不去质疑自己的直觉，是不会分辨出到底是自己想要这样去做，还是在无意间复刻母亲的行为。

孩子成长的每一个瞬间，都在观察和效仿母亲。即使是自己内心深处觉得母亲做得不妥当，甚至是自己讨厌的行为，也会在大脑中形成潜意识，觉得这样也是一种处理问题的方式。有的人很幸运，能够在成长过程中察觉到这个问题，并通过自己的努力走出原生家庭的桎梏，但有的人却没有这般幸运，可能终其一生都在家庭留下的阴影中兜兜转转。

达·芬奇是一个天才画家，在艺术、数学、建筑、生理等多方面也取得了极高的成就，但是很少有人知道他是一个内心不健全的人。

原因还要从达·芬奇幼年时说起。达·芬奇的父亲是一名公证员，母亲只是家里雇用的农妇，阶级之间的差距导致他们二人既无法结为夫妇，也无法拥有更多的共同语言。达·芬奇出生没多久，父亲很快就抛弃了母亲，跟一位贵族女子结了婚，而母亲则嫁给了一个喜欢酗酒的面包师。

之后，父亲又结了几次婚，但是无一例外，每一任妻子都不喜欢达·芬奇，而父亲对达·芬奇也十分冷漠。缺少母亲的陪伴，又得不到父亲的重视，达·芬奇的童年时光在孤独与被漠视中度过。后来在达·芬奇的画作中，出现了很多美丽、端庄、娴静的女性。对此，著名的心理学大师弗洛伊德分析道：

"这是达·芬奇内心对母爱的渴望,他将自己可望而又不可得的母爱,体现在了自己的画作中。"但在现实生活中,达·芬奇十分厌恶女性,以至于他终身未婚。

可见,就算是天才,也逃不过母爱缺失所带来的伤害。母亲对孩子性格的影响是多么深远。每个人在出生时,都是一张白纸,最后人们却演绎出了人生的千姿百态,这张白纸上的每一道笔画,都是由曾经的原生家庭刻画出来的。

一个从父母感情不和的家庭中走出来的孩子,大概率也经营不好的自己的婚姻;一个从父母脾气暴躁的家庭中走出来的孩子,通常也学不会控制自己的情绪。鸡窝里也有可能飞出凤凰来,但是概率小得不能再小,但是凤凰窝里飞出凤凰,这概率就大得多了。

所以身为母亲,我们要极力为孩子营造出一个良好的生长环境,不一定要物质上多么丰厚,但是一定要有温情、有真情。就如著名诗人歌德在阅尽人间繁华与悲苦后所说的话:"无论是国王还是农夫,家庭和睦是最幸福的。"

第 3 章

五大"放养"误区,你中了几条?

现在的母亲更加重视教育,也更加民主,花在孩子身上的时间、精力和金钱也更多,但为什么孩子却越来越娇纵、越来越难管了呢?原因就在于家庭生活方式出现了新的变化,但母亲并未及时调整教子方略,所以,家庭教育中的一个个新误区便出现了。

放纵溺爱，阻碍孩子的健康发展

当母亲是一件很难的事情，既要承担起疼爱孩子的成本，又要使孩子能够顾然生长。但很多家长的爱过了度，那爱就变成了"溺爱"。

在这类母亲的观念里，孩子很弱小、很脆弱，捧在手里怕摔了，含在嘴里怕化了，在家不让孩子受苦受累，出门不让孩子受委屈，对于孩子的不良行为不忍心教育，对于孩子犯下的错误不忍心指责。这种不教育和不指责，等于一种默认和肯定，在赤裸裸地纵容孩子。

我的一个朋友，年近40岁才有了孩子，因此当孩子降临后，便被全家人捧在了手心里。

从小到大，吃穿用度都要买最好的，只要是孩子想要的东西，父母从来不会拒绝。孩子上初中时，看到别人家有switch游戏机，便也吵着要买。朋友害怕会影响学习，起初并不答应，但是禁不住孩子"退学"的要挟，最终还是买给了孩子。有了游戏机后，孩子经常彻夜打游戏，朋友劝孩子早点休息，孩子却对父母恶言相向。

现在孩子已经上了高中，成天与一群社会闲散人员混在一起，也不怎么好好学习，还时常不回家。但凡父母说他两句，他就会跟父母吵起来，然后又是好几天不回家。朋友很想不通，自己付出了全部的爱去对孩子，孩子为什么会长成这样呢？

母亲把孩子当宝，万般的娇惯，以为这是对孩子的爱，实际上这爱却犹如一把锋利的尖刀，插在了孩子的成长之路上，再坚强的孩子也扛不住娇惯的锋刃。惯子如杀子。宠爱孩子没有错，但溺爱孩子就是母亲的不对了。溺爱是失去理智的爱，是直接摧残孩子身心健康的爱。过度溺爱孩子，会让孩子不懂规则，为人处世没有分寸，进入社会后往往会输得很惨。

在一次外出中，我曾在火车上看到这样一幕：

一个六七岁的小男孩儿一直用脚踢前排的座位，前排的乘客忍无可忍之后，很和气地对后面的小男孩儿说："小朋友，不要再踢我的座位了。"

小男孩儿听到，非但没有道歉，还给了对方一个大大的白眼。没过多一会儿，他又开始踢起前排的座位来，而且比之前更加过分。这一次前排的乘客不再客气了，站起来拽住小男孩儿的脚丫说："你再踢，我就把你的脚掰断！"

可能对方捏疼了这个小男孩儿，小男孩儿"哇"的一声大哭起来。哭声引起了小男孩儿妈妈的注意，在得知事情的来龙去脉后，这位妈妈不但没有批评自己的孩子，反而指着前排的乘客大骂了起来："你多大的人了，怎么跟一个小孩子计较呢？既然怕被打扰，你就把整节车厢都包下来呀！既然没钱，就不要那么多事。我告诉你，如果你把我孩子吓着了，我让你吃不了兜着走！"

说完，将正在抹眼泪的孩子一把搂进了怀里。在靠近妈妈的那一刻，小男孩儿还对着被气得无言以对的前排乘客，做了一个鬼脸。

溺爱孩子的母亲都有一个"通病",那就是在孩子犯错后,不舍得责骂孩子,她们认为孩子还小,长大以后自然就懂得了怎样做才是正确的。但一个小时候因为赖床迟到,就有母亲帮他写请假条,让他免除被老师责罚的孩子,恐怕这辈子都学不会如何改正自己的错误。

孩子就像是一棵小树,小时候被母亲千娇万惯,长弯的时候不舍得掰直,有权的时候不舍得修剪,等长大了,才发现小树长歪了,这时候再去苛责孩子,无疑会对孩子造成更大的伤害。

古人云:父母之爱子,则为之计深远。有管,有教,有罚,才是对孩子最好的爱。要知道,塑造一个孩子很难,但毁掉一个孩子却很容易。不要让自己一时的放纵溺爱,毁掉孩子的一生。

心灵施暴，扼杀独立人格的树立

在养育孩子的道路上，很多母亲信奉"打是亲，骂是爱"，认为教育孩子就得打骂，这样才能将孩子教育好。适当的责骂可以让孩子认识到自己的错误，但有些母亲总是怕自己批评得不够严厉，因此极尽严厉的说辞，甚至是全盘否定孩子，一定要将孩子批评得抬不起头来才罢休，这样的责骂，则是对孩子的心灵施暴，会一步步摧毁他们的自尊。

我有一个朋友，他做什么事情都很努力，也很用心，但很奇怪，他似乎从来没有成功过，做过很多行业，但总是在快成功的时候打起了退堂鼓。问他原因，他说感觉自己成功不了，只能放弃。

上学时，他的学习成绩很好，一直在前三名，可就是从来没有当过第一名。普通学生考个前三名，笑得嘴巴都合不拢，只有他总是一副愁容，因为他没有考第一，回家一定会被骂。

我还曾不信他说的话，认为天下没有这么严格的母亲，直到有一次，在放学路上见到他跟几个同学踢了一会儿足球，结果被他母亲看到了，他的母亲当着很多同学的面骂他说："放了学不赶紧回家学习，还有脸在外面踢球？你以为自己考了第一名吗？"

听了母亲的话，他原本笑得很开心的脸立刻笼罩上了一层阴影。

当着众多同学的面都可以这样责骂自己的孩子，可想而知在家里只会有过之而无不及。在有一次生意失败后，他说道："为什么想证明自己就这么难？我妈说得对，我这个人永远都成功不了，干什么都干不到最好。"

郑渊洁曾说过："要想毁掉自己的孩子，首先应该做的是摧毁孩子的自尊。"孩子的面子，就是他们的"里子"。所谓"人前教子，人后教夫（妻）"的观点，完全陷入了误区，这个误区就是认为孩子年龄小，心智不成熟，当众批评孩子，会让孩子因此而印象深刻，不再犯错。

事实上，孩子心智尚未成熟，一丝一毫的心理伤害，都会对他们的终身产生不可逆转的影响。当众责骂孩子、揭孩子短，甚至是让孩子难堪，不但起不到教育孩子的目的，反而会伤害到孩子的自尊。虽然不会对孩子的身体造成伤害，却会在孩子的内心留下不可磨灭的伤痕。

更重要的是，孩子还会在心理上认同母亲的评价，从而逐渐产生自卑心理、丧失生活的勇气等严重后果。

每个人来到这个世界上时，都像一张白纸，他们所生活的环境就像是各种颜色的颜料，会在他们的身上留下浓墨重彩的一笔。因此，孩子会被环境造就，他所成长的环境是什么样的，他就会变成什么样的人。

认为孩子学习不好，当着众多亲戚的面挖苦孩子脑子笨；认为孩子有缺点，就故意当着外人的面指出孩子的不足之处……母亲认为当众批评会让孩子印象深刻，以后不会再犯同样的错误，但事实上，这样教育的意义远远没有给孩子造成的心理伤害大。

曾经在亲子夏令营中见过一个小男孩儿，他十分优秀，却极度自卑。造成这种反差的原因，就在于其母亲不当的教育方式。

孩子们一起完成任务，小男孩儿因为速度慢了一点点，就被妈妈说："早就跟你说少吃点，你看看吃这么胖，跑都跑不动。"

孩子在端饭时,不小心手滑了一下,碗险些掉在地上,就被妈妈说:"跟你说了多少次了,拿东西时要小心,你怎么就是不长记性呢?"

母亲批评孩子的本意,是为了让孩子变得更好,但这需要建立在正确的批评方式上,错误的批评方式,只会起到适得其反的作用。

苏珊·福沃德博士在《中毒的父母》一书中写道:"来自父母的打击,所造成的伤害效果不只是当下。它贯穿岁月,像一根针一样深扎在子女的心头。"母亲漠视孩子的努力和认真,不断抨击他们的自尊,只会打碎孩子的热情和信心。一个无论做什么都不被看好的孩子,就像一个泄气的气球,无论如何,都难有动力。而这,显然不是我们养育孩子的初衷。

优秀的母亲不会做孩子的"差评师",更不会一边对孩子说着"我爱你",一边又对孩子"恶语相向"。常言道:"良言一句三冬暖,恶语伤人六月寒。"更不要说孩子那稚嫩的心灵,根本经不起这样的摧残。母亲是孩子的第一任老师,如果孩子在母亲的培养下,完全没有树立起独立的人格,那这就是母亲的错误,也是中国家庭教育的悲哀。

物质刺激，变相拜金主义的诱导

现在的孩子，对物质刺激这个词语丝毫不感到陌生，因为这是很多父母"对付"孩子的撒手锏，包括我自己，也曾使用过物质刺激的方式来教养孩子，比如：考试成绩 90 分以上，奖励一套乐高玩具；考试成绩 95 分以上，不但可以得到一套乐高玩具，还可以得到 100 元的奖励……

我身边的母亲们几乎都会对孩子进行物质刺激，方式不同，但效果却惊人地相似，那就是孩子会为了得到物质奖励瞬间劲头十足。但是我发现，物质奖励虽然短时间内可以刺激孩子，却存在着不少的隐患。因为对于孩子来说，当人生的追求转化成物质上的贪婪，这对培养他们的独立人格和价值观极为不利。

在巴尔扎克的《人间喜剧》中，高老头是特别有代表性的一个人物。高老头是一个面粉商人，因为具有商业头脑，从一个农民变成暴发户。有了钱的高老头将自己的全部感情都倾注在了两个女儿身上，他节衣缩食，却为孩子们提供奢华的生活。只要是孩子的金钱需求，他永远是有求必应，并十分支持两个女儿进入上流社会。

但是两个女儿丝毫不感激高老头的付出，只知道向他索取，无度地挥霍他的金钱。与此同时，她们还看不起做面粉生意的父亲，高老头为了不辱女儿们的面子，独自住进了条件简陋的公寓里。

当高老头病入膏肓的时候，他想要见见自己的女儿们，但是女儿们却在盛装打扮准备去参加高档的舞会。高老头去世后，女儿们甚至没有出现在父亲的葬礼上。

看了高老头的故事后，我开始重新审视给予孩子物质刺激这件事。虽然我的初衷是好的，但是却极容易让孩子变得只向钱看齐。而一个眼中只有钱的孩子，就会认为有钱就有幸福，只要有钱就能买到一切。这种畸形的价值观，会让孩子成为金钱的俘虏，变得无情，甚至无耻。在金钱至上的价值观里，爱不再是维系家庭关系的纽带，金钱才是，在金钱的面前，什么父女之情、夫妻之爱、朋友之义，一切都不重要。

当孩子人生观的追求转化成物质上的贪婪，我们又从何谈起独立的竞争意识和健全的人格呢？更何况，物质刺激的效果也是短暂的，用的次数越多越不管用。

在心理学上有一个"德西效应"。教育家德西请来了许多大学生，然后将他们分为两组一起做有趣的智力难题。其中一组做对后，就奖励一美元，而另一组做对后，就什么都没有。

在最初的半个小时里，得到钱的那一组做得十分起劲儿，当他们做累了休息的时候，另一组同学却依旧在继续做题。

最终德西得出一个结论：给一个正在进行愉快活动的人提供外在的奖励，反而会减少这项活动对他内在的吸引力。

我们给予孩子物质刺激也是同样的道理，物质奖励之所以会越来越不管用，就是因为物质奖励只是眼前的刺激，并没有深入到内在驱动力的诱发。就像望梅止渴一样，物质奖励只能起到短暂的缓解作用，却无法解决实际存在的问题。

孩子若是对学习热情不高，物质奖励或许会让孩子在短时间内受到金钱的刺激而发奋努力，但是却无法从本质上提高孩子学习的热情。孩子缺少学习热情的原因太多了，或许是因为基础差跟不上，或许是因为不喜欢老师，或许是因为偏科，总之不会是因为缺钱。而如果不是因为缺钱，那么物质奖励这个办法，就永远触及不到问题的本质。

物质刺激的方式，不但解决不了实际问题，还会破坏掉孩子的内驱力，让孩子变得目光短浅，只注重眼前的利益，并形成错误的金钱观。如果母亲想要奖励孩子，我建议大家使用精神奖励，也就是多鼓励多支持，多从孩子的角度出发，给予孩子最真挚的陪伴和关爱。

动辄体罚，是最没用的教育方式

2020年4月，日本出台了修改后的儿童虐待防治法，禁止父母体罚儿童。其中提到一些具体的例子，是父母在养育孩子的过程中，经常会做出的举动，如："因孩子不做作业而不给晚饭吃。""因孩子偷窃他人东西而打屁股。"

当法律条例已经详尽到了这样的地步，那只能说明一个问题，那就是体罚孩子的行为越来越多了，并且给孩子造成的伤害也越来越大了。有研究表明，体罚孩子会导致孩子智商下降、行为不当，甚至增加孩子的犯罪率。

大约一年前，我接触了一个孩子，孩子十分排斥待在一个封闭的空间里，并且晚上睡觉不允许关灯。母亲起初尝试着在她睡着以后将灯关掉，但是孩子醒来后会吓得哇哇大哭。通过与孩子聊天得知，孩子经常遭到体罚，大部分原因都是她没有好好学习，或是考试没有考好。

有一次，妈妈因为她没有按时写作业，就将她关进了黑漆漆的地下室中，任凭她怎么拍门求饶，也没有将她放出来。妈妈说只关了她5分钟，但她感觉时间很长很长。从那以后她就有点儿怕黑。因为害怕妈妈关她，所以考试成绩不好的话，她连家都不敢回，独自一人在公园的长椅上度过了一夜，这可把父母急坏了。但是回了家后，父母对她夜不归宿十分生气，将她关进房间里反省了一整天，除了上厕所不允许她踏出房间半步。

听了孩子的叙述，孩子的父母感到十分"冤枉"，声称孩子不好好学习，作为父母他们没有打骂孩子，只是使用了一些体罚的手段来管理孩子罢了，怎么还会给孩子留下心理阴影呢？

现在新时代的母亲很多已不再信奉"棍棒底下出孝子"的育儿经，但是不打孩子并不代表体罚孩子就不存在了，只不过就是换了个形式而已。之前有新闻说，一个妈妈将穿着单薄的孩子关在寒冷的阳台上，整整关了4个小时，孩子被冻得瑟瑟发抖，直到被邻居发现报了警。看着被冻得奄奄一息的孩子，母亲完全没当回事，就是觉得孩子不听话，想让孩子长长教训而已。

母亲以为体罚能够让孩子"长记性"，但实际上体罚不但不能阻止孩子的不良行为，还会使孩子在犯错时变得更加小心翼翼，更加巧妙地掩饰自己的错误，企图不被母亲发现。当家长体罚孩子时，孩子会暗下决心以后要小心再小心，却永远不会从体罚中学会诚实和负责。

体罚是强制、迫使孩子服从母亲的意愿，在此期间孩子一直处于一种压抑、恐惧、担惊受怕的状态之中。如果孩子经常受到体罚，孩子就会对母亲产生恐惧感，这不但对亲子关系是一种破坏，而且对孩子的心理也会造成伤害。通常那些受罚严重的孩子，在长大后都很难成为最好的成人，他们性格怯懦，精神抑郁，遇到困难很容易一蹶不振，更不要说做出什么傲人的成绩了。

体罚孩子，实际上是最无能的教育方式，是家长黔驴技穷时不得已的选择，也是家长无法控制自己情绪的粗暴手段。不能打也不能骂，那孩子犯了错后母亲该怎么办呢？

自然惩戒是个不错的办法，比如：孩子不写作业，那就让孩子自己去承担不完成作业的后果，相信老师的一次批评和责罚，会让孩子印象深刻；比如：孩子弄洒了牛奶，那就让他们负责将地板擦干净，既没有喝到奶还要打扫卫生，对孩子而言不是一件好受的事情。

我们不提倡体罚孩子，并不代表不管孩子，只是母亲要学会具体问题具体分析，采取孩子和母亲都能接受的方式进行教育。只有教育方式得当，才能既教育了孩子，还不会对孩子的心理造成伤害。

精神忽视，把孩子变成最熟悉的陌生人

曾经有一个采访，在采访中，主持人问大家："母亲的哪种行为最让你无法忍受？"

大多数人的答案都是："冷暴力。"

什么是"冷暴力"呢？就是母亲以一种冷处理的方式，对孩子说的话、做出的行为不理不睬，完全忽视孩子的存在。有人形容被母亲冷暴力的感觉，就像是被一把很钝的刀在身上不停地划，不会流血，但是痛感却真实存在。

在这个不提倡打骂孩子的育儿年代，很多母亲或许会觉得这是一个不错的方式，认为这是更加"温和"的处理方式，但事实上远比打骂给孩子带来的负面影响更严重。

一个高中同学在毕业多年后，回忆起高考这段时光时，仍会痛苦不已，不仅仅是学习压力大，更主要的是来自家庭的压力。第一年参加高考时，因为数学发挥失误，她没能考上母亲

期望的大学。

从落榜那一天开始，母亲便不再跟她说话，每天住在同一个屋檐下，她却被母亲视为陌生人，有必须沟通的问题时，也对她十分冷淡。直到第二年，她终于考上了理想中的大学，母亲对她的态度才有所好转。

她曾坦言，在那段时光，她曾不止一次想过自杀。

经常被母亲实施冷暴力的孩子，性格会变得十分极端，遇到事情爱钻牛角尖，即便很优秀，但内心也会感到很自卑。他们不擅于表达自己的想法，也不会处理人际关系，感情脆弱而敏感，并且容易激动。更重要的是，冷暴力意味着母亲和孩子双方不会将问题摆到明面上来沟通，亲子之间缺少坦诚相对，这将使孩子无法学会正确处理问题的方式，并且一直延续到孩子自己做了父母以后。据我所了解，很多人对子女的精神虐待方式其实是从原生家庭习得而来，然后一代代传下去。

我曾接触过一个中度抑郁的小孩儿，孩子刚刚上初中，人很聪明，学习成绩也很好。孩子的父亲在外地工作，常年不在家，母亲是全职家庭主妇，生活的重心就是围着孩子打转。

大约初一下半学期的时候，孩子生出了不想上学的念头。

母亲没有问她原因，就是在她提起"不想上学"这件事后，没有再理过她。每天也会照常给她做饭，却从来不跟她同桌吃饭，有什么必须说的事情时，就会写张纸条放在桌子上。

如此长达一年的时间，孩子一边忍受着煎熬去上学，回了家还要忍受冰一样寒冷的母亲，最终承受不住心理的压力，选择服用安眠药自杀。幸亏母亲发现及时，孩子总算脱离了生命危险，但是却被诊断为中度抑郁症。

在跟我聊天的过程中，孩子几次看向母亲，但是母亲都在看手机，丝毫没有理会她的意思。事后，我跟母亲聊起她教育孩子的方式，母亲觉得自己既没有打也没有骂，就是给孩子时间让她自己"反省"而已，而且还称自己小时候就是这样过来的，所以并未觉得这样做有什么不妥。母亲将曾经自己被教育的方式，挪用到了孩子身上，结果造成了悲剧中的悲剧。

养育孩子时，最忌讳的事情就是"拒绝沟通"，如果母亲对孩子有什么不满意的地方，或是想对孩子表达更高的期望，要坦诚地和孩子进行交流，不要企图通过冷处理的方式，让孩子自己去领悟，不要让孩子成为家里面最熟悉的陌生人。

第 **4** 章

利用最佳亲密关系期驱动宝宝成长

1~3岁阶段是宝宝与家长，尤其是与妈妈关系最为亲密时期，如果妈妈能够利用好这一黄金阶段，对宝宝的培育做出有效引导，宝宝在此阶段接受的情商与智商教育会为他的未来发展打下极为重要的基础。

多给爱提问的宝宝"喂信息"

这是什么?

那是什么?

……

这是 1.5~2 岁的宝宝最经常说的话。当宝宝出现这样频繁的发问情况时,说明他的语言能力急速成长期来到了。宝宝似乎乐此不疲地把所有精力都花在了记事物的名称上,一旦他意识到所有的东西都有自己的名称后,他便会无时无刻地拉着家长问个不停。

但由于宝宝的这些问题极为单调而频繁,所以有些妈妈会越来越没耐心,甚至有时不会及时做出回应。事实上,宝宝目前正处于"问题阶段",正是通过这种简单提问的方法来识记人与物的,这也是宝宝开始独立思考问题并且充满热情地进行学习的重要阶段。

正因为如此,家长的冷淡、消极回应会非常打击宝宝的学习热情。所以,家长尤其是长期陪伴宝宝的妈妈要保持耐心,要不厌其烦地告诉宝宝所提问题的答案。

聪明的妈妈可以就此多提供一些信息给宝宝,比如当宝宝问"草"的时候,你不妨再多给他延伸一点儿,如告诉宝宝:"这是草,绿色的草。"所有的事物,如果宝宝明白了一个信息单元,妈妈都可以再次拓展下一个单位信息组,如此,就可以让宝宝的头脑"吃"到更多的信息。

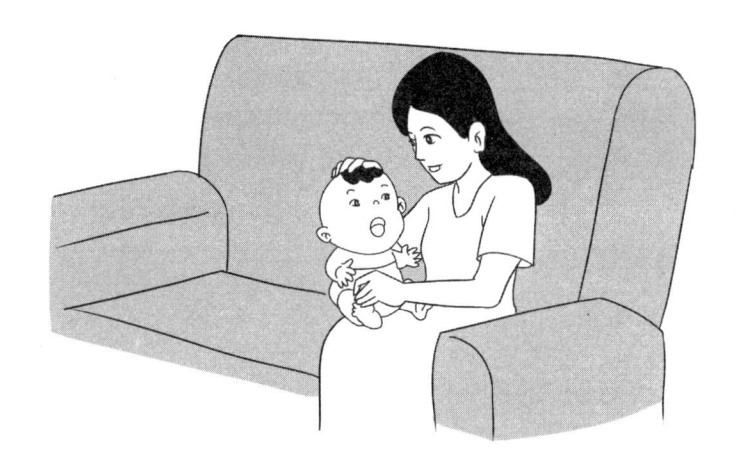

实际上,给宝宝"喂信息"需要早开始。当宝宝的眼睛在盯着某种东西时,妈妈就需要在不打扰宝宝观察的情况下,用平稳的语调来告诉宝宝所看到的物品是什么。只有经过这样不断地讲,妈妈才会将更多的信息传输到宝宝的大脑里,宝宝才会渐渐了解这个客观的世界,他的智慧才能得到发展。

要注意的是,妈妈在给宝宝"喂信息"的时候,要考虑宝宝的信息接收能力,不要一次讲得太多太复杂。如果这样,宝宝也会"消化不良",或者对他形成"噪声污染"。

矫正爱发脾气的宝宝

临近3岁阶段，是宝宝的第一反抗期。此时的他对周围环境充满了强烈的好奇心，希望去探察一切，但妈妈会因为宝宝还不能圆满地处理问题、怕宝宝出意外而限制宝宝的活动。

此时，宝宝有自己的主张，又不能很好地通过语言来表达，这会使独立个性正在形成、独立需求增加的宝宝大为恼火，往往因情绪激动而大发脾气，甚至动不动打滚撒泼。

那么，面对发脾气的宝宝，我们在这个阶段应该如何对他进行规范和纠正呢？

首先，对宝宝的行为要理解。宝宝发脾气并不说明他"坏"，他正在做着他们这个年龄要做的事。一般这种现象会延续到4~5岁，以后会慢慢有所调整，妈妈要尊重和满足宝宝的需要和感受。

其次，要小心地选择不伤害宝宝自尊心的方式来规范和纠正他们的行为。可以使用的方法如下：

1. 适时表达你的爱

这个时候妈妈一定要冷静，如果你发火会使宝宝更加恼怒，毕竟宝宝的自我控制能力较差。温柔、温和、平静地和宝宝讲话，对他安静下来有好处。靠近宝宝，抱他、亲他，身体上的亲密能达到很好的安慰效果，可以使气氛缓和下来。可以让宝宝坐在你的大腿上，或者亲密地坐在宝宝身边帮他平静下来。当他表现出一点儿控制自己的能力时，你要有针对性地表扬，比如本来他发脾气时要扔东西，这回虽然发了脾气，但没有扔东西，应该及时表扬他。

2. 冷处理

若妈妈实在感觉烦躁，可以躲到另一个房间里去，要让宝宝明白，叫喊没有用，只有好好说话，你才会注意听。缺少了观众，宝宝的脾气也发不起来了。如果宝宝因为得不到某一样东西而大发脾气，千万不要为了让他安静而把东西给他。因为他一发脾气就能得到想要的东西，以后就会更加随心所欲地乱发脾气。

3. 转移注意力

不妨说些傻话，做些奇怪的动作，或放点音乐等，这些举动可以吸引宝宝的注意力，使他停止哭闹。也可以忽然提出一个建议，要宝宝与你一块儿去做某件事，他就会忘记发脾气的事。

4. 温柔地隔离

如果宝宝在超市里因为想要得到某种东西而大哭大闹，可以平静地把他带出来或带上车，安静地等他哭过之后，再继续回去把刚才的事做完。不要让宝宝觉得发脾气可以使你受到要挟。如果宝宝在家里发脾气，可以心平气和地把宝宝抱到另外一个房间，告诉他不再哭闹时，就可以回来。

最后，妈妈们记住，以下是宝宝发脾气时候切勿做的：

第一，在宝宝发脾气的时候与他理论是没有用处的，他一定听不进去。等事情过去了，他平静下来的时候，再与他谈谈，这样效果会好一些。

第二，在宝宝发脾气时坚持你自己的立场很重要。你必须遵守自己制定的纪律，永远不要说你单纯要吓唬他而实际不会去做的事，例如"如果你再哭，我就把你扔到大街上不要你了！"

合理处理宝宝的打架问题

宝宝在 3 岁前会经常和其他小朋友打架，这是这个阶段的宝宝开始进行社交时的常见现象。这个时候的宝宝还不能很好地通过语言表达自己的想法、意图，常常会以动作代替语言，因此很容易发生误会。兰兰的妈妈记得女儿在 2 岁左右时，如果别的小朋友靠近她，或者盯着她手里好吃的东西走过来，她就会举起小拳头打人，一边打一边哭。

可以说，基本上这个阶段的小朋友之间发生打架，都是抢人家东西或者东西被人家抢所致。宝宝在 3 岁前，不明道理，有时会用手里拿着的东西打人。在此情况下，大人不能仅仅说"住手"，明智的办法是把他的注意力转移到宝宝感兴趣的对象身上，紧急时候妈妈要紧紧地抱住宝宝，制止他的攻击行为。

此时，拥抱能缓解宝宝的紧张心理，也表明了家长对这个行为的制止。如果宝宝已经打了对方小朋友，要多关注和安慰被打的宝宝，同时注意不要体罚自己的宝宝。因为体罚本身就对宝宝的攻击性行为起了示范作用，从而让宝宝的攻击性行为有所强化。

打架看似是小问题，却对宝宝的性格成长影响很大。妈妈既不愿自己的宝宝当"狼"，也不忍心他当"羊"，失去自我保护能力。但要记住，我们不能简单地以"还手还是不还手"看待此问题，关键在于树立小宝宝自我保护的意识和引导小宝宝自己寻找解决的方式。

对于3岁以下的宝宝，引导他想出躲避或求助的办法，这样的表现并不总意味着怯弱，有时反而是机智的表现，能保护自己不受伤害。

如果宝宝生性胆怯，总受人欺负，与其一味地指责他"你怎么不知道还手"，还不如先让他多和性情相近的宝宝或者年纪小的小朋友玩，先树立自信，再从讲道理解决问题入手，教他学会解决冲突的最佳方法。

告诉宝宝，你希望他在遇到冲突事件时怎样做，比如可以让宝宝对同伴说："我们不要打架，应该轮流玩。"如果宝宝用讲道理的方式对待朋友，妈妈应给予表扬。久而久之，宝宝就能从中体会到讲道理的分量，也可以品尝到化干戈为玉帛的甜头。

对攻击性较强的宝宝，应注意家长自身的言行是否给宝宝起到了不良的影响，另外不要让宝宝看那些带有暴力情节的影视节目。

其实宝宝攻击他人，是想通过这种方法达到自我表现的目的，这就需要家长好好引导，提高其辨别是非的能力。为此，妈妈和宝宝可以一起在家饲养狗、猫、金鱼等，从日常生活的小事中，教给宝宝对待弱者的方法。

妈妈也可利用宝宝模仿能力强的特点，因势利导，让宝宝遵守"不许打人"的行为准则，利用故事、儿歌等多种形式对宝宝进行教育，激发宝宝产生向故事里的人物学习的愿望。

当宝宝与同伴间发生矛盾冲突时，妈妈不要偏袒自己的宝宝，放手让宝宝学习自己解决问题。如果宝宝犯错，必须要求他道歉。

另外，妈妈还可以设计出不同的情景，相互扮演不同角色。几次实战下来，让宝宝明白，拳头不是不能用，但绝对不能滥用。

帮助宝宝克服对医院的恐惧

害怕打针、吃药、上医院,这是小宝宝普遍存在的现象。我们也经常看到有些宝宝为了躲避医生、医院,想尽一切办法撒泼耍赖,真是让家长头疼不已。

宝宝生病,就会涉及打针、吃药及上医院的问题,如果不能很好地克服宝宝对医院的恐惧,就可能会耽误宝宝的治疗时间,尤其是患有重病的宝宝,那就更需要有效引导了。

一般而言，宝宝对医院感到恐惧，无外乎四种原因：

1. 环境陌生

宝宝对医院这个陌生的地方感觉害怕，因此会有种本能的自我保护意识。有时，可能在医院里看到其他的宝宝哭，也感染了害怕的情绪。

2. 身体不适

生病本来就已经很不舒服了，到了医院又要让陌生人量体温、听诊或者进行其他检查，在没有心理准备的情况下，很容易产生恐惧感。

3. 痛苦经历

宝宝以前看病，"打针很痛"的印象非常深刻，看到医院不免就记起了以前痛苦的经历。

4. 错误引导

宝宝看完病后，带回家的有些是"苦药"，而妈妈因为焦虑，每到吃药时，可能一反平日温和的态度，硬逼着他吃药。有时，宝宝不听话时，妈妈爱用"医院"来恐吓宝宝："再不乖就把你送到医院，让护士阿姨给你打针……"这样一来，还有哪个宝宝肯乖乖地去医院。

针对以上四种原因，想要克服宝宝的"医院恐惧症"，妈妈可以从以下两个方面做引导。

一是在家中的积极引导。

1. 不要用"医院"恐吓宝宝

妈妈切不可为了贪图省事而采用"恐吓"这种捷径，当时是解决了问题，但日后就会给你带来新的麻烦。

2. 多和宝宝玩上医院的游戏

如果有专门的医药箱玩具最好，没有玩具也可以，我们可以用手来完成全部看病过程。可以把凉手伸进宝宝的衣服内，假装听诊。玩打针的时候可以告诉宝宝，因为病得很重，所以需要打针，然后用手指扎在宝宝的屁股上，宝宝会感觉非常痒，会很乐意跟你配合玩这个游戏。这样可以让宝宝知道，病到很严重的时候是一定要打针的，宝宝的恐惧感就会减少。

二是在去医院时的有效引导。

1. 与宝宝做好事先沟通

去医院之前可以把将要发生的情况详细地告诉宝宝，例如：我们要在候诊室里坐着等一会儿，你可能要脱衣服，护士阿姨要给你量体温等。如果宝宝知道将要发生什么事情，就会有一些心理准备。千万不要骗宝宝，把宝宝诓到医院，那样宝宝就会失去对你的信任，这种后果比生病更可怕。无论是什么事情，只要是宝宝想知道的，一定要如实地告诉宝宝。也就是说，如果宝宝询问是否要去医院或者要打针、吃药，妈妈一定要如实地告诉他。如果你不确定是否要打针，也要告诉他这要看你病得够不够重。这样既可以建立宝宝对妈妈的信任，还可以让他感觉不那么突然。再加上妈妈的耐心说服，宝宝会感到有坚强的后盾。

2. 尽可能转移宝宝的注意力

妈妈可以让宝宝带上最喜欢的玩具或书籍，还可以为宝宝准备果汁、水等安抚情绪的食物。到了医院，可以让宝宝先玩一会儿，缓解宝宝的紧张情绪，不要硬生生地让宝宝等着看病。

3. 最好是熟悉的医生

有条件的话，尽量选择同一个医生给宝宝看病。对于熟悉的医生，宝宝会容易放下戒备心理。

需要注意的是，有些宝宝即便是做过上述的训练，在打针的时候还是会哭，因为打针确实疼。所以，只要宝宝不是一直哭闹，我们就多包容宝宝，允许他哭一会儿，撒一会儿娇。

事实上，宝宝对打针这种疼痛是可以忍受的，关键是看他以何种心态来面对。只要我们平时注重在游戏中有目的地对宝宝进行训练，宝宝是可以变得勇敢、坚强的。

切勿在宝宝哭闹时责备宝宝，甚至打宝宝，因为宝宝的自尊心是很强的，母亲的粗鲁不仅会伤害宝宝的自尊心，还会造成宝宝产生更强烈的反抗。

教宝宝识别和管理情绪

情绪管理是培养情商的一项重要内容,而处于叛逆期的小宝贝难免经常性产生不良情绪,这就需要妈妈教会宝宝正确地进行情绪疏导。这里,有四个要点需要我们做好把控:

1. 教宝宝识别自己和家长的情绪

对于3岁以下的宝宝来说,他们对这些情绪还缺少认知,因此妈妈首先要帮助宝宝对情绪进行识别。比如当宝宝愤怒的时候,要平静地告诉宝宝:"你生气啦?""你这个样子是生气,不过生气是每个人都有的情绪。"要在语言上和行为上接纳宝宝的负面情绪,同时让他认识到自己的情绪名称。

当妈妈自己出现负面情绪时,也可以适时告诉宝宝,如:"妈妈现在有点紧张,心跳得很快。""妈妈现在有点烦,不过和你没关系,我想一个人待会儿,好吗?"让宝宝明白,人都有各种情绪存在，不论是大人还是小孩。但妈妈在有负面情绪的时候要告诉宝宝这与宝宝没关系，以免宝宝对妈妈的情绪产生内疚心理。

2. 教宝宝表达自己的感觉

平时妈妈可以经常问宝宝："你感觉怎么样？""什么事情让你这么生气？"有一次，心心妈妈正在洗衣服，3岁多的女儿走过来对她说："妈妈，我一个人玩有点无聊。"心心妈妈为宝宝能说出"无聊"这样的词感到惊诧，同时为宝宝能表达自己的感受而感到高兴。

3. 教会宝宝处理自己的负面情绪

告诉宝宝，如果自己生气了，可以用语言告诉妈妈或者其他人，也可以告诉自己的玩具，总之要将自己心里的不愉快说出来；可以做一些自己喜欢做的事情来转移自己的注意力，如可以看动画片；可以找东西来宣泄，比如用棍子打一棵树，用拳头捶打毛绒玩具等，但是不能攻击人；可以选择具有创作性的发泄情感的方式，比如进行一些艺术创作或表演，通过画画，在玩具乐器上弹奏一首很生气的歌，跳一个很生气的舞等，把自己的愤怒表达出来。

4. 不要否定宝宝的情绪

宝宝想哭的时候，不要制止宝宝。宝宝哭闹发脾气的时候，妈妈不要为了制止宝宝而去批评或威胁宝宝，更不能离开宝宝。有的宝宝哭的时候，妈妈会说："哭！看你就会哭！你在这哭吧，我走了！"宝宝哭的时候已经很伤心了，这个时候，如果妈妈批评他甚至要离开他，会让宝宝的内心更加伤心无助。其实，让宝宝哭出来，对化解宝宝的情绪非常有帮助。

面对 2~3 岁宝宝情绪波动期的无理取闹和火暴脾气，妈妈一定要多理解他们，并趁这个机会教给他们调节情绪的方法。

拥有良好情绪、健康心态的宝宝，在将来的生活中更容易获得幸福和成功。因此，这个时间段对情绪管理的教育显得更重要，我们一定要格外重视。

包容宝宝对"秩序感"的偏执

很多妈妈发现，2~3岁阶段的宝宝越来越固执，凡事都希望按照自己的意愿和方式进行，有时甚至达到近乎偏执的程度。

宝宝坚持每样东西必须归其"主人"所有，他人不得动用，也不愿分享自己的物品，表现出很"自私"的样子；家里其他人的物品也不能随意交换使用。妈妈的毛巾爸爸是不可以使用的，理由很简单："那是妈妈的！"如果爸爸用了一下，宝宝就会很生气地阻止。

宝宝坚持拿到手里的食物或者其他物品必须是完整的，比如，妈妈没有征求宝宝同意就在苹果上咬了一口，然后再给宝宝吃，他就会非常生气，要妈妈把吃进去的苹果吐出来。如果衣服上有一个小洞，他就拒绝再穿，一定要换新的。

宝宝坚持每个举动必须按照一定的程序，或者是自己的设计来完成。如果妈妈忽略了他的要求，或者没有准确理解他的意图而导致事件过程出现偏差，他会固执地要求"重新来一遍。"比如，如果你没经过他的同意就擅自帮他系扣子，他会把你系好的扣子全部解开，之后自己再一个个系好。吃饭的时候，谁如果经常坐一个座位，而这一次没有坐在这里，他就会要求必须回到那个座位上去，连叠被子的方法、枕头放置的位置都要符合平常的样子。

宝宝这种看似无理、自私的举动让很多妈妈困惑不解，甚至觉得这是宝宝故意找碴，太过矫情，难免有时还会为此打骂宝宝。如果这样做，那可就冤枉宝宝了，这是这个阶段宝宝的常见现象。实际上，在每个宝宝的大脑思维里，都有与生俱来的强烈的秩序感，正是这样一种秩序感，使得他能产生愉快、兴奋、舒服的感觉。

进一步来说，这种秩序感，源自宝宝对环境的控制欲望，是儿童安全感的来源之一。只有周围的事物保持一种秩序状态，宝宝才会感觉安全。如果有变动，出于对未知的恐惧，宝宝就会害怕。因此，只有一遍遍地重复原有的秩序，不断地巩固安全感，直到宝宝把握了秩序的恒定规律，宝宝才会知道一定范围内的变化不会产生什么可怕的后果，之后才能进一步成长。

这种对秩序感的迷恋也是宝宝产生道德感的基础。当一个小宝宝因为被子没有被抻平、苹果被吃了一口而生气发怒时，那是他感觉整齐的、完整的才是"对"的，而凌乱的、残缺的是"错"的。于是，他对事物有了"对"和"错"之分，行为自然也有"好"和"坏"、"正"和"误"之分。这时候，他开始意识到什么是"标准""正当"的，开始把自己的行为和产生的后果联系到一起来思考。这对妈妈来说，也是一个进行教育的契机。

如果妈妈此时不了解宝宝秩序感敏感期的特殊心理和行为，批评、斥责甚至镇压宝宝的情绪反应，就会逐渐破坏宝宝的秩序感，阻挠宝宝对标准和完美的追求，也扼杀了他们自律的萌芽，导致宝宝将来在遵守规则和发展道德感方面出现障碍与问题。

因此，我们应该理解并尊重儿童秩序感敏感期的特殊要求，不强求宝宝分享他们自己的物品，保护好宝宝的物权意识。如果宝宝因为秩序感破坏而要求重复，也要不厌其烦地等待，否则你可能要花费更多的时间来平复他的情绪。

我们也可以趁机引导宝宝把这个"秩序感"向健康的方向发展。当宝宝出现这个"秩序感"问题的时候不应该"怪他、哄他、干扰他",而是应该积极地引领他、开导他、点化他。

秩序一旦形成,会转化为品质体现在生活的各个方面,这就是素质。秩序养成习惯,习惯成自然,自然成人格,所以我们一定要理解和尊重宝宝对秩序感的偏执,并做好这方面的培育。

爱"动"手的宝宝更聪明

2~3岁的宝宝已经有了自己的意识，随着思维和动作的发展，产生了"自己动手"的愿望，这时候妈妈最好给他们更多实践的机会。俗话说"心灵手巧"，手指的运动对开发宝宝的智力有重要作用。

日本某医学博士对手与脑的关系做了多年研究之后指出："如果想培养出头脑聪明的宝宝，那就必须经常使他锻炼手指的灵活能力，因为手指的活动可以极大地刺激大脑皮层中的手指运动中枢，继而促进全部智能的提高。"

道理虽如此，但在日常生活中，我们经常看到有些妈妈过于疼爱宝宝，连穿衣服、系纽扣、解鞋带都不让宝宝去做，甚至还给年龄较大的宝宝喂饭，其实，这都是极其错误的做法。要知道，人脑中与手指相关联的神经所占面积比较大，平时经常刺激这部分神经细胞，大脑就会日益发达。

因此，妈妈们平时就应该让宝宝学习做各种力所能及的事情，如穿衣服、叠衣服、洗袜子、饭前餐具摆放、饭后帮助收拾碗筷、整理玩具等。这对宝宝来说，既培养了他的劳动习惯，又促进了智力尽早、尽快发育，可谓一举两得。

也可以借助一些简单的工具和游戏来帮助宝宝的小手"动"起来，提升其手指的灵巧程度。

平时在家里可以和宝宝玩撕纸的游戏，买一些五颜六色的纸，让宝宝自由地撕成条、块，并可以根据撕出的形状，想象它是面条、饼干、小汽车、手表等。这种游戏不仅锻炼了宝宝的小手，还进一步拓展了宝宝的想象力。

还可以玩穿珠子、纽扣的游戏，让宝宝用线、塑料绳把各种色彩、形状的珠子、纽扣穿起来。随着宝宝动作的熟练和精细化，珠子和纽扣的洞眼可以逐渐变小，绳子逐渐变细、变软。

用手捡球也是一个锻炼宝宝手指灵活性的有趣游戏。让宝宝用手把碗里的玻璃珠、乒乓球一个个捡到另一个容器里。锻炼一段时间后，可以换成颗粒更小的糖果或黄豆、花生米等。

平时可以在家里给宝宝准备一把幼儿专用的圆头的安全小剪刀，让他们学习如何剪纸，之后把剪下来的部分粘贴起来，做成各种造型，让宝宝在小手的锻炼中获得成就感。

宝宝上了幼儿园后，会学习歌舞和手工，妈妈可以辅助老师进一步对宝宝进行训练，在宝宝唱歌时，鼓励宝宝用小手比画出各种动作，把内容表演出来。

宝宝的语言训练方法

细心的妈妈会注意到，处于1~1.5岁阶段的宝宝能够听得懂很多妈妈的话，只是不会准确地回复，所以手在不停地比画，嘴里还念念有词地表达，妈妈干着急也听不太懂。这是因为此阶段的宝宝大脑里已经存储了很多词语和短句，并且也明白具体所表达的意思，只是迫于发音器官尚未成熟而无法准确地表达明白而已。

此时，妈妈可以多教宝宝说字和词，让他学会用字或词来表达自己的要求。如宝宝用手指门，可能是想出去玩，这时候妈妈可以对宝宝说："宝宝，你想出去玩是吗？以后要和妈妈说'玩、玩'。"

在初期，可以将一些单音节叠字教给宝宝说，如"猫猫、狗狗、蛋蛋"等，以便宝宝进行模仿，促使他尽早说话，但以后就不要用这种"儿语"了。

另外，要坚持在这个阶段多用词或简单句子与宝宝交流，这有利于宝宝快一点儿说话，如"妈妈抱""宝宝吃"等。

当宝宝长到 2~3 岁，他已经进入了语言复合句阶段，到了逐步学会说复合句的时候，可以在家长的强化作用下，让宝宝基本掌握主谓宾结构的句式。如宝宝会说"我要吃这个，妈妈吃那个"，"我先吃饭，再出去玩"等；还会用语言表达眼前不存在的事情，如会说："爸爸上班还没回来。"这时候宝宝的语言已经脱离具体的环境，从具体形象的语言内容向抽象逻辑的语言内容发展，表明宝宝已经开始进行语言思维了；他们还学会了用语言来描述人和物的关系，如"这是我的玩具，这是你的玩具"，"这是我的，不给你"等；学会了用语言来评价人和事，如看到别的小朋友哭闹，他会说"那个宝宝不乖，不是好宝宝"等。

2~3 岁阶段宝宝的语言能力会飞跃式发展，妈妈要把握住这个时机对宝宝进行良好的语言训练。具体可以参考以下六种方法：

1. 教宝宝进行语言复述

复述的语言从短到长，不一定要求宝宝复述完整，主要是激发他说话的兴趣。妈妈可以小声地对宝宝说:"今天我们吃完饭后一起去公园玩。"叫他将这话传给爸爸,让宝宝在游戏中练习语言。

2. 在具体情境下对宝宝提问

带宝宝外出时,可以就眼前的情境对宝宝进行提问,如:"你认为这些人中,谁的衣服最漂亮?""这是什么颜色的花?""今天的月亮像什么呢?"等,宝宝亲眼看到这些场景问题,会很喜欢回答。这在无形之中锻炼了他的思考能力和语言能力。

3. 培养宝宝的时间概念

首先要结合宝宝的实际生活的经历,如告诉宝宝:闹钟叫我们起床的时候是"早上",午饭和晚饭之间的时间叫"下午",天黑了要睡觉了,这个时候是"晚上"。等宝宝慢慢地领悟了这些概念,就可以问宝宝:"吃完午餐后你睡觉了,这个时间是上午还是下午?""现在这个时间是早上还是晚上?"

4. 结合实景,教宝宝背诵儿歌

教宝宝背诵儿歌时,如果能与看到的实景联系起来学和背就更好了。如背诵"一条鱼,水里游,孤孤单单在发愁。两条鱼,水里游,摇摇尾巴点点头。三条鱼,水里游,快快乐乐做朋友"的儿歌,若家里在养着小金鱼,就可以诱导宝宝一边看鱼一边背这个儿歌,这样背诵的儿歌更有意境。

5. 鼓励宝宝复述故事中的情节

3岁左右大的宝宝都喜欢听故事,可以引导宝宝简单地复述故事中的部分或者全部情节,只要宝宝能说出个大概,哪怕是几句话都要热情鼓励和称赞。刚开始宝宝会很吃力,妈妈可以根据故事情节用提问的方式加以引导。如《小马过河》的故事,可以这样引导:"有一天,谁和谁要去很远的地方啊?"引导宝宝说出:"有一天,小马和妈妈要去很远的地方"的话,妈妈接着可以边听边附和着问:"后来呢……嗯!后来发生什么事情了呢?"直到宝宝讲完。

6. 教宝宝说一些简单的复合句

在宝宝能够说出完整简单句的基础上,可以教他说由两个简单句或三个简单句组成的复合句。如"我先亲爷爷一下,再去亲奶奶一下""太阳都照屁股了,大家都该起床了""我喜欢粉色，也喜欢绿色，还喜欢黄色"等，鼓励宝宝说得越多越好。

总之，利用与宝宝的最佳亲密关系期，多多想办法进行宝宝的语言训练吧。

引导爱涂鸦的宝宝画画

快到 3 岁的宝宝开始喜欢拿着彩笔四处涂鸦，家中的墙壁上、沙发上、地板上，包括自己的衣服上，几乎各处都能看到他的即兴之作。妈妈有点为难，送他去绘画班，那肯定坐不住，但是自己教吧，又不懂画法。

实际上，要教这么大的孩子画画，我们只需要明确以下两个问题就可以了。

一方面，明确教宝宝画画的指导思想。

我们教宝宝画画不是一定要把他培养成小画家，而是为了更好地锻炼宝宝的想象力、创造力，培养宝宝的专注力，从而激发宝宝的画画兴趣。千万不要带着急功近利的想法和目的，如此，妈妈就能以轻松的心态教宝宝画画了，这样对宝宝来讲，也更轻松、愉快。

另一方面，明确宝宝画画的标准。

很多妈妈以画得像不像作为标准，如果不像就要求宝宝改正，甚至自己动手为宝宝修改。这样做等于把妈妈自己的意志强加到了宝宝身上，忽略了宝宝的想象力和创造力的发展。我们要记住，宝宝画画的标准不是看他画得像不像，而是是否呈现了他的个人意愿、想法和生活经验。

以上两个问题明确后，我们就可以对宝宝进行绘画启蒙了。

首先，对宝宝的"涂鸦"积极鼓励。

涂鸦看起来好像没有达到绘画的直接目的，但对这个阶段的宝宝来说，正处于生长发育的早期阶段，手指小肌肉的协调能力不足，大脑皮层的控制能力也较弱，因此无法画得有模有样。同时，这个阶段的宝宝想象力丰富，迫切需要表达，而涂鸦正是他最为直接的表达方式之一。

所以，如果我们发现宝宝随手画了一个圆圈，要这样引导自己的宝宝："宝宝，你画的是什么呀？"宝宝可能会回答说"鸡蛋""苹果""太阳"等。不管回答什么，我们都要表示赞同，随即在这幅画的下面写出宝宝对这幅画的命名，并当着宝宝的面给画做些适当的小范围补充，使之看上去更像一幅好作品。如此，宝宝的画画兴趣就会更浓，自信心与目的性也都会增强。

其次，在宝宝涂鸦基础上，引导他画出更为形象逼真的画。

如果宝宝画了一个圆，之后在这个圆的下边又画了一个圆，妈妈就可以问宝宝画的是什么，宝宝可能会说"熊猫"，那妈妈就可以顺势说："哦，真像熊猫啊，熊猫除了有个胖乎乎的身体外，还有什么呢？"宝宝可能继续说："有耳朵，有眼睛。""宝宝真聪明，来把眼睛和耳朵画上去吧！"……"宝宝画的熊猫可太棒了！你知道熊猫喜欢吃什么吗？""喜欢吃竹叶。""那再画几片竹叶给熊猫吃吧。"

最后，在引导宝宝给画好的画起个名字。

如《大熊猫吃竹叶》或其他名字，最后写上画画的人名和日期，并帮助宝宝保存起来。家里来客人的时候，可以给客人看看宝宝的杰作，这样可以进一步地强化宝宝的成就感和对画画的兴趣。

提到画画，宝宝在这个阶段很容易因为画画而把房间弄脏，这大大加重了家长尤其是妈妈的家务工作量，究竟怎么样才能让宝宝画画时不弄脏房间各处呢？

1. 与宝宝做好事先沟通

可以带宝宝仔细参观一下家里的各种摆设，与宝宝事先沟通什么地方能画，什么地方不能画。请宝宝在能画的地方贴上笑脸的粘纸，在不能画的地方贴上哭脸的粘纸。例如瓷砖处——贴上笑脸，家电、家具处——贴上哭脸。注意标志要醒目，要贴在与宝宝的身高相当的地方。

2. 与宝宝共同补救

一旦发现宝宝乱涂乱画，最好的办法是领着宝宝对比脏和干净的墙面，让宝宝和妈妈一起擦拭被弄脏的地方，使他意识到被涂脏的墙壁门窗想再恢复原样是多么困难。为了达到强化效果，妈妈可将这种乱涂的危害性稍微放大，让宝宝彻底地改掉乱涂乱画的习惯。

3. 用贴纸保护墙面

在墙壁上贴上大纸，宝宝就可以在上面随便画，妈妈也可以在上面慢慢引导宝宝学习绘画。这样既能保持墙面清洁，又为宝宝涂鸦提供便利。

需要提醒的是，宝宝的涂鸦要在父母的陪伴下进行，要注意安全，提醒宝宝不要将颜料和笔放到嘴里。

让宝宝进行识字训练

3岁左右的宝宝，他的大脑皮质细胞机能的分化基本完成，这意味着此阶段越能较早地令大脑接受丰富的信息刺激，大脑网络就越完善，脑功能就越发达。因此，妈妈及时让宝宝进行识字训练，会使他迅速积累词汇量，从而激活语言的潜能。

一般来讲，0.5~1.5岁是宝宝的识字准备阶段。

此阶段宝宝还不会说话，主要是让他来认识物品，为识字做准备。可以给宝宝随机指点物品名称、讲简单故事、念连环画，来刺激他的识字兴趣和识字敏感度。这个阶段以指认字为主，可以反复告诉宝宝某字的名称，之后再让他去找。

1.5~2岁是宝宝的缓慢识字阶段。

这时候教宝宝识字主要利用阅读识字、游戏识字等方式。如果教导得当，这个时期的宝宝能认识很多字，但一定要坚持以识字乐趣为主，不要强迫宝宝去识字，也不要将识字作为早教的重点内容。

2~4岁是宝宝的快速识字阶段。

这时候的宝宝已经认识了许多的事物，生活经历也丰富了很多，识字处于快速增长阶段。这个时候利用游戏识字、生活识字和阅读识字会取得很好的效果。

针对这个阶段的宝宝，可以从以下四个方面着手，教宝宝快速识字。

1. 从日常生活中最常见的字和词开始认读

这个阶段的宝宝学习认字，通常是把整个字当作一幅图画来认识的，脑子里一开始是对字的整体形象进行表象记忆，而不是按照逐笔逐画来看的。因此，识字速度快与慢，是由这个字义对宝宝来说是否常见、是否感兴趣决定的。

因此，日常生活用品、动物、植物、食品、水果、蔬菜，以及自然现象等有关的字和词较为常见，能够很快引起宝宝为兴趣，吸收效果也明显。

这样学习到一定程度，还可以适当地归类，如按照同一属性规律，或者按照同义词、反义词来归类，便于宝宝更好地将这些字联系起来，形成一个记忆的网络。

2. 将识字与阅读结合进行

教宝宝识字的目的是培养他未来的阅读习惯，但这并不是要等到宝宝认识了很多字之后再去阅读，两者完全可以同时进行。

为此，妈妈可以找一些字体大、趣味性强的儿歌和故事书，要求宝宝一边朗读一边用手去指字，这样使宝宝的眼、手、口都集中到每一个字上，反复朗读。慢慢地，宝宝读得多了也就自然而然地认识了字和词。

平时在朗读完后，妈妈可以提出文中的某个生字和生词，让宝宝单独认读，还可以拿生字表让宝宝来指认刚刚学会的字，这样便于宝宝加深印象。但注意不要让宝宝一次学得太多，以免负担过重而降低宝宝的学习兴趣。

3. 在游戏中教宝宝识字

为了避免学习的枯燥，妈妈一定要掌握一些利用游戏来识字的方法，让宝宝快乐学习。妈妈可以因地制宜地自己创造适合玩的游戏，如可以把字和词制成卡片当牌玩，一边出牌一边教宝宝认字；也可以将要学习的字和词贴在墙上，玩手电筒照字的游戏，让宝宝边照射边认读；为了激发宝宝学字的热情，妈妈可以故意读错宝宝比较熟悉的字，让他发现；还可以玩打电话来找字的游戏，培养宝宝接听电话的礼仪，同时可以说"我找某某字呀"，让宝宝在一堆字词的卡片里找这个字……这样的游戏有很多，妈妈可以自由开发。

4. 谨记识字教学中的几个要点

在教宝宝识字的时候，妈妈还要注意：可以将生字熟字混合来教，能起到"以老带新"的作用；可以将字和词结合起来同步教，尤其是那些单个不能表达一个完整意思的字，则更要结合词来教，对于意思比较独立、清楚的字可以单个教；不要在教宝宝学习汉字的时候同时学习汉语拼音，因为这个阶段的宝宝是通过"印象记忆"来识字的,拼音会让宝宝感到枯燥无味,再加上宝宝这时候的发音器官正在发育中,读准拼音也很难;在2岁之前,宝宝的注意力不超过3分钟,3~4岁不超过8分钟,因此,不要指望宝宝能有多大的耐心去学习识字;最后要在宝宝识字游戏玩得最开心的时候结束,让他保持学习的"饥饿感"。

第5章
保持科学而恰当的亲密关系

3~6岁，孩子的性格将在这个阶段基本定型，因此家长对孩子性格的养成意义深远。这个阶段的孩子既是不断成长、谋求独立的"小大人"，又对父母尤其对母亲存在较强的依恋。因此，此阶段，与孩子保持科学而恰当的亲密关系尤为重要。

幼儿园全托可能伤害孩子的内心

跃然妈妈和爸爸开了一家公司，因为实在太忙，他们打算把4岁的儿子送到一家全托幼儿园，觉得这样可能还会锻炼孩子的独立能力，每到周五晚上一家人再团聚，不会有什么问题。

结果，第一个周五的晚上，跃然看到幼儿园门口来接自己的妈妈，便扑上去号啕大哭，还手脚并用地打妈妈。看来，小家伙心中的怨恨积累得很多。跃然妈妈被打得有点愤怒了，觉得孩子有点过分。

周一早上，当爸爸妈妈准备再次将跃然送到幼儿园的时候，跃然死死抓住妈妈的腿，说什么也不肯进校门。当妈妈狠心将他的手掰开送到老师怀里的时候，跃然竟然说了一句令妈妈震惊不已的话："妈妈，你还要我吗？"

跃然妈妈顿时明白过来，原来，她长时间把儿子放在幼儿园里，儿子以为妈妈抛弃了他。这一顿悟让跃然妈妈立刻做了一个决定，放弃了让孩子上全托幼儿园，转到家附近的日托幼儿园，自己则减少了工作量，用更多的时间来陪孩子。

像跃然妈妈这样，因为工作忙而选择把孩子送到全托幼儿园的家长不在少数，认为努力工作也是为了给孩子一个更好的将来，是为了让孩子更好。但是，到底怎么样才是为了孩子好呢？孩子需要的最重要的东西是什么呢？是妈妈用辛苦忙碌赚来的钱买来的高级玩具、锦衣玉食，还是妈妈温暖的怀抱和亲切的爱抚呢？

3~6岁的孩子还处于依恋敏感期，这种依恋对象通常是妈妈。没有经历温暖和依恋的孩子，长大后难以形成与他人健康的亲密关系。这个时期妈妈的爱对于孩子的心理健康来说，就像维生素对于身体的健康一样重要。

如果家长这个时候选择全托幼儿园，孩子长时间看不到自己最亲近的人，即便是幼儿园老师对孩子体贴入微，也无法像妈妈一样对孩子投入那么多的关注，更不要奢望有亲密的身体接触了。孩子缺少维生素会影响身体发育，缺少母爱同样也会影响孩子的心理成长。

心理学大师约翰·包尔比认为，孩子如果过早离开父母独立，对孩子心灵损害的程度，等同于成年人失去亲人时所经历的痛苦。他们感觉自己被父母所抛弃，或者一定是自己做错了什么事情而受到了这样的惩罚，从而沉浸在极度的自卑中。就像跃然那样，觉得妈妈爸爸不喜欢自己、不要自己了。这样自我价值感的不足，在孩子以后的人生中，即便他加倍努力也未必能弥补。

妈妈为了工作而放弃陪伴幼小的孩子，这只会给孩子一个暗示：工作比我更重要。这会让孩子觉得自己没有什么价值，由此缺乏自信心和安全感。妈妈的确事业有成，却以牺牲孩子为前提，即便是孩子将来享受着你工作带来的锦衣玉食，他内心已经产生的卑微感却很难祛除，或者将来孩子也会成为一个只懂得追求物质的人。那么他内心充斥的更多是无尽的欲望，而难以让幸福容身。

相对于物质的优越，妈妈的爱和陪伴才是孩子更需要的。

如果不是到了万不得已，必须出来工作才能解决基本生活饮食问题的地步，尤其是妈妈，不妨适当将工作量降低一些或者更加灵活一些，抽更多的时间与孩子在一起，这是妈妈在孩子年幼时有必要做出的选择。

爱嫉妒的孩子更渴望爱

东东妈晚上带着小儿子北北，接大儿子东东放学，结果幼儿园老师向她反映了一件事，今天图画课的时候，老师表扬了画得很好的雨点儿小朋友，并且奖给了雨点儿一朵小红花。结果在图画课快结束的时候，东东走到雨点儿的旁边，用自己的彩笔在雨点儿画好的画上乱画了几笔，将雨点儿的画弄得一团糟，雨点儿哭了起来。老师把东东叫到一边问他为什么这样做，东东说："我就不喜欢她画得比我好！"老师还提到东东在幼儿园不像过去那样活泼了，如果老师表扬了哪个小朋友，他会表现出不高兴，做游戏的时候也不爱和这个小朋友玩。

听了老师的话，东东妈忽然想起东东在家里也经常和弟弟比，并且也有这种嫉妒的情绪。前几天自己给北北买了一件衣服，东东看到了也嚷着要件新的。因为东东不缺衣服，妈妈就没有答应给他买，结果晚上的时候，妈妈看到北北的新衣服被剪了一个口子。

东东妈反思着自己在小儿子出生后对东东的忽视，意识到自己在教育上出现了问题。自从小儿子出生后，她一门心思放在小儿子的身上，而忽略了东东的感受。而每次两个儿子争执吵闹的时候，自己无一例外都是批评东东，要他有个哥哥的样子，要让着弟弟。如今，东东在家里既不爱和妈妈说话也不愿意和弟弟玩……

东东这样的表现，隐藏着明显的嫉妒信息。他觉得妈妈生了北北之后，变得不再像以前一样爱自己了，总忽略自己。由于被忽视，东东的心理处于紧张而敏感的状态，同时也会对剥夺爱的"对手"——弟弟产生敌对情绪。在幼儿园里的表现，也是家庭中情景的外化表现，东东用损害雨点儿的画的手段引起老师的关注，剪坏弟弟的新衣服引起妈妈的关注，这背后都深藏着一个渴望，那就是需要被爱。这种需要没有得到满足，孩子的性格就发生了扭曲，形成了嫉妒。

妈妈是孩子幼时最依赖的对象，妈妈的举止在孩子那里最有说服力。东东妈妈凡事不分青红皂白先训斥东东一顿，凡事都要让东东做出忍让，而忘记了不论多大的孩子同样需要妈妈的爱和理解，更不要说东东只有四岁。

如果得不到妈妈的关爱，孩子就会处于悲伤、无奈、紧张、害怕的心理状态，整日生活在一种提心吊胆、痛苦无奈的压抑情绪中。压抑情绪遇到不开心的事情就很容易变成攻击行为。由于攻击行为的出现，又会造成孩子和伙伴之间的紧张，人际关系不和谐，孤独、不合群，这又继而使自卑和焦虑心理加重，最后会形成恶性循环。由此来说，给孩子充足的爱和安全感是避免孩子产生嫉妒之火的一个重要条件。

另外，无法拥有小伙伴拥有的东西，也很容易让孩子由羡慕转化为嫉妒，这也是让孩子产生嫉妒的一个原因。

要平息孩子的嫉妒之火，避免孩子形成不良的性格，妈妈可以试着从以下三个方面入手来帮助那些嫉妒心过重的孩子：

1. 不与别人家孩子做比较

很多妈妈为了刺激孩子的进步，习惯说："你看人家某某，画的画就比你好多了！""你看人家某某，就是乖，哪像你这么调皮！"妈妈这样刺激的结果很容易让孩子将敌对情绪针对那个受表扬的孩子，甚至不惜放弃和这个小伙伴的友谊来维护自己的自尊，而很难从提高自己的能力方面入手考虑问题。因此，妈妈这样的比较不仅不会促进孩子进步，反而会滋长孩子的嫉妒心理。

2.理解、接纳孩子的感受

孩子在嫉妒时,实际上是心里痛苦和压抑的一种外化,他在痛苦无奈的压抑中需要宣泄,需要有人能倾听他的诉说,并理解他、体谅他。很多时候,妈妈微笑的眼神、轻松的语调能化解孩子的不良情绪,有效控制孩子的嫉妒心理。

3.注意嫉妒背后的动机

有些孩子因为嫉妒故意搞一些破坏性的事情,这背后也许是令人意想不到的动机,那就是为了寻求关注。是的,受到批评同样也是一种关注,这也是很多喜欢调皮捣蛋的孩子的心理诉求。

因此,在充分满足孩子爱的需求的情况下,妈妈应该尝试给予"受害者"更多的抚慰和鼓励,而"忽略"搞破坏的孩子,只给予他平静简约的批评。这样几次下来,他因为得不到预期的"关注",就会觉得没意思而逐渐放弃搞"破坏"了。

让孩子顺利分房睡

乐乐妈最近因为孩子分房睡觉的问题而感到很矛盾:"孩子的房间是早就准备好了的,现在他都已经3岁多了,我们觉得该分床睡了,可是一到了晚上,他就黏着我,说什么不肯到他的房间里睡。好不容易把他带过去,他就紧紧搂着我,不让我离开。这样坚持下去,会不会对孩子的心理有伤害啊?"

童童妈也同样为孩子分房睡觉而烦恼:"我把他拖到他的房间里,他哭闹着不肯,气得我揍了他一顿。闹到半夜,我索性把门给锁上了。后来我到他房间里偷看,看他已经在床上睡着了,脸上还挂着泪,一边睡觉还一边抽泣呢。我也不想狠,可是不狠孩子就没法独立啊!"

分房睡觉会不会给孩子带来心理伤害?乐乐妈的担心是有必要的,如果这个过程实施不当,很可能会给孩子带来心理伤害。童童妈强迫孩子分房睡,并且实施锁门、暴力的行为,让孩子在黑暗中带着恐惧、悲伤,甚至身体的疼痛,哭泣着入睡，必然会给孩子带来心理创伤。

3~6岁，正是孩子的"恋父情结""恋母情结"发展的时期，他们对父母的关系、两性之间的问题比较敏感，确实应该分房睡觉了。但从孩子的角度讲，将自己与妈妈分离，确实是很难接受的过程，这与当初妈妈给自己"断奶"的感觉是差不多的。

但是，一个健康的家庭中，夫妻的关系应该是第一位的，其次才是亲子关系。如果前期亲子关系大于夫妻关系，那么在孩子3~6岁这个时期，一定要让孩子形成一种认识：父母之间有一种亲密的关系，是他不能介入的。认识到这一点对孩子的成长有着重要的意义，这不仅能让他明白自己在家庭中的位置，还能对他认识家庭结构有着积极的影响。

在对待孩子分房睡的问题上，很多妈妈都有着乐乐妈类似的困扰，担心对孩子的心理造成伤害。但我们这样做正是为了让孩子将来能有能力更好地生活。不是吗？想一想，我们会因为孩子的哭闹就不给孩子断奶吗？为了让孩子开心、避免分离痛苦就可以不上幼儿园吗？只要是成长，都会伴随着一定的痛苦的。

很多时候，孩子较难独立分房睡，大多是妈妈的分离焦虑所致。有些家庭夫妻关系疏远或者丈夫长期不在家，为了填补内心情感的空虚，妈妈会将孩子留在卧室里做伴。因此，如果真正爱孩子，该放手时候就该放手，该让他独立的时候就应该独立。

当然，让孩子独立的时候，如果像童童妈一样狠狠地将孩子推开，这也是很残忍和不可取的做法。这让孩子感受不到爱和温暖，只有被抛弃的冰冷感受。虽然独立了，但是怨恨和被拒绝的感觉会像冰山一样积压在孩子的心里，如同生活在孤岛上，没有了温暖的港湾。因此，一边让孩子独立，一边还能让孩子感受到爱和被支持是最佳的做法。孩子不论怎么独立，都知道妈妈那里可以是他最终可以依靠的心灵港湾，那么孩子在独立面对生活的挫折时就不会害怕了。

那么，我们该如何让孩子自然而然地接受分房睡的情况，又尽量不引起孩子过大的心理波澜呢？

1. 摆事实，讲道理

我们先给孩子讲道理，告诉他为什么要分开睡，分开睡有什么好处，让他知道分开睡并不是妈妈不爱他了，而是他成长的一个标志，是值得自豪的一件事情。还可以带孩子到一些独自睡觉的孩子家参观，让他知道别的小朋友也是这样做的，这样可以打消他的恐惧。

2. 循序渐进，慢慢来

如果卧室够大，可以先在卧室里给孩子安排一张小床，让他先练习一个人到小床上去睡觉。适应之后可以将小床搬到他的房间里去，孩子由于适应了小床，便能容易接受搬到独立房间的做法。

3. 创造一个孩子喜欢的房间

孩子房间的摆设和装饰也是需要妈妈花费心思考虑的。在购买家具和装饰房间之前，一定要处处征求孩子的意见，让他从内心感觉到这是属于"我自己"的领地。如果孩子喜欢粉色，那就买粉色的家具和粉色的玩具，让孩子欢天喜地地奔向自己的地盘。孩子白天就喜欢待在自己的房间里，是他能够在这里独立睡觉的重要前提。

4. 初期阶段多些陪伴

孩子刚到自己房间睡的最初阶段，肯定是会有些恐惧心理的，妈妈和爸爸可以轮流去陪伴孩子，给他讲故事，轻轻抚摩孩子的身体，直到孩子睡着了再回到自己的房间。半夜的时候，还需要到孩子的房间看看，虽然孩子已经睡着了，或者处于浅睡眠状态，但是你帮他盖好被子或者轻吻他，都会让他有温暖和爱的感觉，他会知道，虽然他自己一个人睡，妈妈依然爱着自己。刚开始的时候，孩子都会对黑暗有所恐惧，也可以一直开着灯，直到他睡去。

注意，由于孩子有爱蹬被子的习惯，所以分房尽量最好选择在夏季进行，防止孩子感冒。

孩子刚尝试着和妈妈分离，妈妈要多给孩子一些关注，之后慢慢孩子就会接受分房睡。

"人来疯"的孩子渴望存在感

蓝思平时喜欢趴在桌子上画画、捏彩泥、玩拼图,有时候也爱拿着幼儿园的音乐书本,一首歌接一首歌地唱给妈妈听,一旦得到妈妈的称赞,她便眉飞色舞。可以说,她在家里,算是个听话、乖顺的孩子。但是,一旦家里来了客人,蓝思就会一反常态,在沙发上乱蹦乱跳,扯着嗓子尖叫,其兴奋程度就像打了激素一样。而妈妈越是制止她,她的行为就越放肆,简直就是"人来疯",令家长非常尴尬。

生活中，不仅蓝思有这样的情况，很多家庭中的孩子都有这种所谓"人来疯"的现象，令人头疼。

事实上，孩子在客人面前"人来疯"是对自己不被关注的反抗，背后的潜台词是："如果你们不把我当回事儿，我就使劲闹，你们要关注我！"当客人来的时候，大家出于礼貌，都会围着客人转，一向备受关注的小家伙受到了冷落，就会产生失落感，进而做出一些在大人看来极其夸张、怪诞的举动。他们的行为只是想利用消极、隐蔽的方法表达自己的需要，目的也只是想给大人发出"信号"而已。

要真正解决这个问题，做妈妈的就要给孩子足够的情感满足和尊重，让孩子从中确认自己的存在，这对孩子的人格、自尊和自我意识的发展具有非常重要的意义。当客人要来的时候，可以先和孩子一同来做迎接客人的准备工作，如："小宝，你看让客人坐在哪里合适呢？""小宝，你帮妈妈把咱家桌子擦干净，客人就要来了！"客人到来时，妈妈要郑重地向客人介绍自己的孩子，可以让孩子将已洗好的水果端给大家，还可以给孩子一些表现的机会，如果孩子擅长唱歌，就请他为大家唱一首；擅长跳舞，就请他给大家跳个舞。

另外，注意寻找一些孩子在旁边能听到的机会夸奖自己的孩子，等孩子得到了充分的关注之后，就请他回自己的房间里玩——当然这是事先你和孩子规定好的原则，即"听到妈妈让你去你房间玩的建议时，就乖乖地听话去做，给大人留出可以正常说话的时间"。这样的原则坚持下去，孩子就会养成讲礼貌的好习惯。

此外，孩子"人来疯"还可能是过度兴奋所致。因为3~6岁的孩子大脑神经系统的抑制功能尚不完善，正处于兴奋强于抑制的状态，因此难以控制自己。特别是有些性格内向的孩子、平时很少有机会和家庭以外的人接触的孩子，以及长期处于单调、闭塞环境中的孩子，一旦他兴奋起来，就会表现得与往日大为不同。

这类"人来疯"显示了孩子对环境改变的心理适应能力较差，这与家人对他的过度保护和缺少锻炼的机会有关系。当一向乖顺的宝宝忽然变得如此不可理喻，千万不要批评责备孩子，而应该通过这样的现象看到教育上的不足，平时就应该多带孩子出去与人接触，多结交好朋友，或者带孩子到朋友家多串串门，适当参加一些活动等，培养孩子与人沟通交流的积极性。

理性看待孩子的讨好行为

圆圆妈去幼儿园接孩子，老师告诉她，圆圆在幼儿园做了一件让老师都有点感动的事情。下午小朋友们进行集体活动时，老师在门口站着，圆圆竟然知道主动去给老师送了个凳子，让老师很感动。

圆圆妈听听了老师的话很开心，但回家后她不免琢磨起来：圆圆在与大人相处的时候，在很多事情中都能看得出她是个有眼色的小机灵鬼，很会看大人的态度做事讨好大人。但是这样似乎有点太不像个4岁的小孩子了，她会不会太按照大人的标准去要求自己了呢？这样会不会太压抑做小孩子的天性，而慢慢地失去了自己的真实本性了呢？

圆圆妈又想到，幼儿园的老师很辛苦，她一般会很喜欢圆圆这样有礼貌的学生，但是同一集体中的其他小伙伴，他们会喜欢一个与老师走得太近的孩子吗？圆圆这样的做法会不会造成其他孩子对她有别的看法，以至于会对圆圆不好，或者更进一步地说，会不和她玩呢……

的确，圆圆妈的这些想法和担忧完全可以理解，家长既希望孩子获得大人的喜欢，灵活圆滑，善于变通，但又担心孩子为了迎合别人而失去真实的自我。

事实上，3~6岁的孩子已经基本能理解语言指令和基本的行为规则，并且对产生的后果也能够有所预料，因此，讨好大人是他们调整行为的方法之一。从幼儿的心理发展来看，孩子能从成年人的行为或者脸色中得到反馈，调整自己的行为，可以说是孩子社会适应性的一种积极的表现。这个年龄的孩子正处于开始学习判断、识别环境和自我行为的阶段，孩子喜欢看父母或大人的脸色行事是极为正常的。

像圆圆这样的孩子，很懂得让大人觉得被尊重和关心，这是好事情，但要同时观察她在小伙伴中的表现又是如何。如果她也同样对自己的小伙伴经常表达、表现出关心和同情，那就是她的自然而然的爱心表现，而非违背自己内心的想法，勉强去做。如果孩子表里一致，并没有勉强自己，那应该为圆圆这样的小朋友感到高兴，说明她的社会适应性很强。如果事实相反，那么家长要思考孩子的生活环境，是否存在着鼓励她为了他人而压抑自己的情况，是否在她按照自己的方式选择和做事的时候受到家长的贬斥和否定，而没有充分尊重孩子个人的主张。

另外，值得注意的是，由于文化背景或其他各方面的差异所致，有些家长期待孩子越机灵越好，而有些家长则并不主张这样的性格倾向，就如圆圆妈一样，对孩子所谓"示好"的行为还是存在某种程度的担心。

不同的妈妈认知有所不同，在面对孩子讨好行为时就会有不同的看法，但无论怎样，妈妈或孩子所主张、表现出的某一面，都有其可圈可点之处。重要的是，当事人本身是否对自己有所接纳，如果表里如一而不违背自己，其同样拥有高度的自尊，也同样拥有对自己的高满意度。

很多时候，妈妈往往把自己不能接纳的评价投射到孩子的行为当中，在孩子身上寻找自己不能接受和不喜欢的东西。但是，过度的担心本来就有一种心理驱动力，会让你以自我求证的方式寻找到你认为的答案，这样会让孩子更加趋向于你不喜欢的那个行为。如你总是当着外人的面说自己的孩子"腼腆"，那么孩子就会更加腼腆下去，即便他本身其实并不怎么腼腆。

因此，理性去看待孩子的讨好行为，这也是妈妈自我觉察的一门功课，我们要清楚地看到自己的所思所为是否对孩子有所误判或影响。话说回来，如果我们将目光转到孩子身上积极的一面，孩子即便有消极的行为，也会很快转化或者变成其他的形态了。

健康的自恋从哪里来

地铁里，有个看起来三四岁的男孩站在车厢中间，拿着一根小铁棒敲击着车厢里的铁柱，叮叮当当的声音引发了身边一个男人的不满："小朋友，别敲了！"

"我就敲！"这个男孩扬起头，完全没把这个高大、看上去很凶悍的男人放在眼里。

小男孩的妈妈赶紧把孩子叫过来，以防他总敲那个铁柱影响别人，并向大家道歉。随即与车厢里的乘客聊了起来。原来，这个小男孩在幼儿园上了几天就不干了，说再也不去那个小黑屋了，接他回家的时候，孩子一定要妈妈在地铁上陪他多转几圈，说太憋屈了……

原来，现在他们母子坐地铁是在解闷。

孩子的世界与大人的世界不同，许多孩子对规矩的认识仅限于"我想这样做"，与道德无关。在这个天地里，小男孩就是王，世界唯我独尊，我想干什么就干什么，怎么舒服就怎么来。

一个人的成长，必须经过如此充分的"我就是整个宇宙"阶段，奠定了坚实的自爱基础之后，再慢慢去修正这个观念，哦，原来我是我，他人是他人，宇宙是宇宙。

自恋是自信的基础。在生命的早期，妈妈对孩子无微不至的关怀会让孩子产生一种"无所不能"的全能感，这也是孩子获得对这个世界安全感、信任感的基础。心理学上将婴儿的这种"无所不能"的状态称为"原始自恋"。原始自恋是健康自恋的雏形，也是成年后人际安全感、自信、自尊、自爱的基础。

当孩子慢慢长大，会发现除"自己"之外，还有一个更丰富并且自己不可能掌握的"别人和世界"，会在现实生活中的各种各样的挫折中逐渐明白，每个人的能力都是有限的，这个世界也是不完美的。

即便这样，每个人都是有价值和可爱的，在这个过程中慢慢地形成真正的自我价值和自我欣赏，心理学上把这种自我价值和自我欣赏称为"继发自恋"。一个人只有完成这个心理发育发展过程，才能完成健康的自恋，在后续的生活中才可能获得充分的自尊、自爱与自信。

但是很多人的成长，往往原始自恋还没能形成好，就被父母摧毁了。这些孩子很小就觉得自己是没有力量的，是弱小的，是需要保护的，甚至感觉自己什么都不是。

而当一个完成了充分自恋的人，认识到"我并非整个世界的中心"之后，才能变得客观。但同时，"我是整个世界的中心"的基础信念又暗藏在潜意识里，当这两个信念不再冲突，能同时接纳和包容之后，这个人就能很好地立足于这个世界，找到自己的位置，活出自己精彩的人生。

每天晚上睡觉前，我都会和女儿用各自的润肤油往自己的手上和身体上擦。我的润肤油既有滋润功能，又有消除不必要脂肪的塑身功能。一次，我在洗手间洗漱，女儿已经上床，但鼓捣半天也没打开她润肤油的盖子，我就喊了一声："要不然，你先用我那个润肤油吧！""你那个不是减肥的吗？我又不胖！"我和先生同时笑出声来，女儿对别人的意见不那么轻易盲从，这确实是个很需要小心保护的意识。

还有一次，只有29斤体重的女儿费劲地提着一个5斤重的新买的饮料桶，饮料桶有她三分之一的体型大，她像一只蚂蚁往洞里拖大虫子一样。她想亲自把它拎到餐桌上然后打开喝，坚决不让别人帮忙。于是她举步维艰地努力地往前行走，表现出猴急的样子。我就这样在一旁看着这个等不及喝的小家伙，忽然她被重重的饮料桶给绊倒了，看到她滑稽的样子，我忍不住笑了起来。

女儿爬起来看了我一眼，严肃地说："摔跤有什么可笑的！"之后继续拎那个沉重的饮料桶。

忽然之间，我为她如此尊重和保护自己的失误而心生敬意，并且有些惭愧。

很多次给女儿放热水洗澡的时候，我们总是有这样的对话：

"妈妈，这水太热了！"

"不热啊，我觉得正好呢！"

"那你是觉得，不是我觉得。"

哦，你是你，我是我，我的感受不能替代对方的感受，不能拿自己去度量别人。为什么我一而再，再而三地犯这种错误呢？

时常觉得孩子是在教育我，提醒我反省自己简陋的思维和没有完善的人格。

孩子的撒娇隐藏着爱的期待

当女儿希望得到某样东西而我却拒绝她时,她惯用的手段是威胁我:"我再也再也再也……不和你玩了!"可是宝贝,你这手段连小朋友都镇不住,还能让我就范吗?

"宝儿,过来搂住妈妈脖子,把脸贴在我的脸上,之后说'妈妈,给我买一个嘛',这样我就同意了。"女儿如法炮制,我就让她如愿以偿。

是的,我得强化女儿的撒娇能力,既然我这个妈妈平时很难为此做出表率,就只能通过此"拙劣"的手段强化培养了。当然,撒娇这种事情,我也不太擅长,追溯缘由,我的妈妈在与爸爸的关系中常常扮演的是母亲和大姐的角色,是个强势的女人,我学习到的也便是如此了。

而当我也想像别的孩子一样向妈妈央求撒娇时,妈妈是不接受的,她会用"腻歪""厌烦""恼怒"来表达自己对此的感受，"好好说话！"不断地"纠正"着我。

长时间相处，我发现她似乎对身体的亲密触碰都很反感，亲人之间也都没有亲密的身体接触。再往上追溯，妈妈的妈妈也是这样——看来，这里面有一种强大的基因的力量传承着。由此，我的妈妈觉得，总与家长腻腻乎乎的孩子，总是黏着家长的孩子，不会太有出息，那是娇惯的表现。而整天"我的儿呀"挂在嘴边的妈妈，那些总是和孩子搂搂抱抱的妈妈，他们的孩子长大了容易离不开妈妈，妈妈也离不开孩子，这对孩子十分不利。

真的是这样的必然逻辑吗？当我看到一个"绒布妈妈"的心理学的实验，对自己"不会撒娇"的认知就更深入了一步。

哈洛是美国著名的比较心理学家，他为小猴制作了两种假的猴妈妈：一种是用铁丝编成的"铁丝妈妈"，另一种是用母猴的模型套上松软的海绵和绒布制作的"绒布妈妈"。在同样有奶瓶的情况下，小猴偶尔会到"铁丝妈妈"那里吃一下奶，但更多时候是在"绒布妈妈"处吃奶并依偎在怀里。如果"铁丝妈妈"身上没有奶瓶，而"绒布妈妈"身上有，小猴会很快就和"绒布妈妈"难舍难分了，根本不去"铁丝妈妈"那里。

如果"绒布妈妈"身上没有奶瓶，而"铁丝妈妈"身上有，小猴只有在感觉饿了时，才跑到"铁丝妈妈"那儿吃奶，其余时间都是在"绒布妈妈"怀里。每当离开"绒布妈妈"出去玩耍时，如果受到惊吓，小猴就会恐惧地快速跑到"绒布妈妈"那里，紧紧依偎在怀里，渐渐地平静下来。如果将"绒布妈妈"换成"铁丝妈妈"，小猴遇到惊吓，就会一直在跑。

从试验中心理学家得出结论：小猴对母猴的依恋并不只是因为母猴能供给奶吃，更重要的是母猴能给小猴柔和的感觉，并且还能给小猴安全感。后来，哈洛等人又给"绒布妈妈"增添了越来越多的母性特征：在身体里装上灯泡，使它"体温"升高；在身体里装上能按摩、会动的装置，让它会抚摸、拥抱小猴。在这种情况下，小猴更愿意去找"绒布妈妈"，并且越来越离不开了。

从这个实验中可看出,个体都有被触摸的需要,这是一种本能的需要。

对于婴幼儿来说,接触温暖、松软物体感到愉快,喜欢被拥抱和抚摸,而且会对触摸对象产生情感依恋。

来自父母的拥抱、抚摸、接纳和爱是让孩子形成活泼、热情、自信和自尊的保证。

如果寻求拥抱和抚摸是人本能的需要,那我的本能是怎么消退的呢?

由于家长不吃这一套,我的撒娇能力,无论是语言的还是肢体的表达,刚刚处于萌芽阶段就遭到了带有贬低色彩的镇压,不要说撒娇,连带主动表达爱的能力一同遭到了毁灭。几次下来,谁还愿意再去自取其辱呢?

或许,我的妈妈也是这样变成"女强人"的吧?至少她一定也是受到了抑制,才使"撒娇"这个行为在她身上再也见不到了。因为自己没有获得这种被爱的感受,所以自己也做不出这样的行为,并且以"锻炼孩子独立"作为看似正确的理由。

能够撒娇的人,善于撒娇的人,一定是小时候父母非常喜欢他这个样子,只要他撒娇,父母就顺从了他。因此,百试不爽下越加强化了这个"情感敲诈"方式。事实也证明，不论是熟人还是陌生人，不论是男同学还是女同学，大家普遍喜欢这样向自己表示亲密的人，都不忍心拒绝这样的"孩子气"。

撒娇者向对方表达了对对方来说至关重要的信息：你很重要，你是占主动地位的，你是具有掌控权的，你是有左右事物的能力的，这些信息充分满足了对方的被尊重的需要和情感的需要。如此来看，撒娇确实有着强大的力量。

女强人的妈妈，很难培养出一个会撒娇的女儿。因为孩子在复制学习的时候，我们就没有提供这样的模板。在孩子以后的人生中，也会重复我们那样僵化的角色。